ŒUVRES

DE

SAINT-SIMON & D'ENFANTIN

XII

Imprimerie L. TOINON et Cie, à Saint-Germain

ŒUVRES

DE

SAINT-SIMON & D'ENFANTIN

PUBLIÉES PAR LES MEMBRES DU CONSEIL

INSTITUÉ PAR ENFANTIN

POUR L'EXÉCUTION DE SES DERNIÈRES VOLONTÉS

ET

PRÉCÉDÉES DE DEUX

NOTICES HISTORIQUES

DOUZIÈME VOLUME

PARIS
E. DENTU, ÉDITEUR
LIBRAIRE DE LA SOCIÉTÉ DES GENS DE LETTRES
PALAIS-ROYAL, 17 ET 19, GALERIE D'ORLÉANS

1867

NOTICES
HISTORIQUES

II
ENFANTIN
(SUITE)

XLII
(1845-1846-1847)

Le 31 août 1844, Enfantin avait dit à Arlès : « Le moment dont parlait Saint-Simon approche, ce moment où cela prendrait comme la grippe, et où chacun tousserait et cracherait la vérité. »

Que fallait-il entendre par cette parole du maître ? Croyait-il le monde prêt à se dire, à se proclamer saint-simonien ? N'oublions pas qu'il trouvait naguère ses contemporains tellement obstinés dans leurs préventions contre les formules, les symboles, le nom de la doctrine nouvelle, qu'il parlait d'aller déplorer chez les anthropophages l'influence invétérée dont la routine et les préjugés continuaient à jouir chez les peuples les plus civilisés. Il savait donc mieux que personne que la vérité, telle qu'il la voyait, l'annonçait et s'efforçait de la répandre, ne pouvait pas encore sortir du gosier de tout le monde, dans son énormité originelle, avec le cachet de ses révélateurs, sans voile, sans alliage et sans gradation. La brusque et rapide propagande dont les symptômes le remplissaient de joie; la grippe doctrinale dont il signalait et saluait la prochaine invasion, n'impliquait donc pas en lui l'espoir d'une conversion soudaine des masses à la religion saint-simonienne, universellement et nominativement confessée et pratiquée; mais elle avait cependant une signification d'assez haute importance pour expliquer tout le contentement qu'éprouvait Enfantin à rappeler le mot dont Saint-Simon s'était servi pour bien caractériser sa prophétie. Non sans doute, aux yeux d'Enfantin, les masses contemporaines n'étaient pas encore pleinement affranchies de l'esprit railleur ou des antipathies fiévreuses qui avaient si longtemps régné dans leur sein, et soulevé de vives protestations, au nom seul du saint-simonisme; non, sans doute, les rieurs sceptiques de l'école révolutionnaire et les dévots irascibles des Églises superstitieuses n'allaient pas abjurer à l'envi leurs dispositions hostiles et répéter en chœur le *credo* saint-simonien et les maximes sacramentelles, que les fondateurs du *nouveau christianisme* avaient placées en tête de toutes leurs publications périodiques. Mais si leur attitude ne permettait pas d'espérer leur réconciliation prochaine avec le saint-simonisme hautement annoncé et qualifié, elle faisait pressentir du moins que leur répulsion pour le nom de la nouvelle doctrine ne les empêcherait bientôt plus de se laisser pénétrer chaque jour davantage de son esprit, et que leurs idées, en religion, en politique, en philosophie, en industrie, deviendraient de plus en plus saint-simoniennes, à travers leur éloignement opiniâtre et irréfléchi pour les saint-simoniens.

C'était à cette propagande insaisissable et pourtant très-positive et très-efficace, qu'Enfantin avait fait allusion dans la lettre que nous venons de citer. Le *très-neuf* restait toujours ajourné aux temps qui suivraient sa transformation et celle des disciples demeurés fidèles à son affection et à son autorité morale. Mais le maître pensait aussi que l'action pénétrante et anonyme des idées nouvelles triompherait d'autant plus vite des préventions répandues contre l'enseignement direct et formel du saint-simonisme, que les apôtres saint-simoniens témoigneraient, après leur rentrée dans le vieux monde, par une participation éclatante aux grandes entreprises contemporaines, que leurs détracteurs, en les repoussant comme des rêveurs et des utopistes absorbés dans la contemplation de vaines chimères, avaient méconnu, en ces théoriciens tant moqués et calomniés, les plus hardis et les plus habiles praticiens de ce siècle, ceux qui puisaient dans la plus élevée des croyances religieuses la puissance d'initiative et la force de persévérance nécessaires à l'accomplissement des plus grandes améliorations industrielles.

La hauteur des vues prophétiques provoquait donc incessamment l'esprit pratique, chez Enfantin, à agir et à se déployer sur quelque vaste échelle. La foi qui l'avait conduit en Égypte et en Algérie était toujours aussi vive. Le percement des isthmes de Suez et de Panama n'avait pas cessé de lui apparaître comme une condition essentielle, pour faciliter la mission civilisatrice du commerce et l'association universelle des peuples. Il s'occupait en même temps, avec non moins d'activité, de l'ouverture des grandes voies ferrées, abandonnée par le gouvernement à l'initiative des compagnies. La ligne de Paris à la Méditerranée intéressait particulièrement Enfantin, parce qu'elle se liait à la ligne des Indes par le canal de Suez. Lyon et Paris se mirent sur les rangs pour cette ligne. Enfantin, investi d'une grande confiance dans les deux camps, songea tout d'abord à la mettre à profit, pour réunir dans un intérêt commun les deux sociétés, les deux cités concurrentes. Mais par-dessus cet intérêt privé des villes et des compagnies, il y avait toujours pour lui un intérêt plus général, qui tenait sa sollicitude en éveil et qui réglait souverainement ses démarches. C'est ainsi qu'il écrivait à Arlès, en 1845, au moment où s'agitait la question d'unité entre Paris et Lyon : « Les fusions de Strasbourg et de Nantes se sont mal faites, il ne faut pas que nous donnions un semblable spectacle. D'ailleurs, ce n'est pas tout de *fondre*, il faut FONDER, il faut que notre administration définitive porte un cachet particulier, le NÔTRE, et pour cela vous êtes plus que nécessaire, vous et Brosset, j'en dis autant de Barrillon. Le comité de Lyon doit se défendre lui-même. — J'ai prié Paulin (Talabot) de venir, et je vous prie de lui renouveler les mêmes instances. »

Quand la société fut fondée et qu'Enfantin y eut pris une position élevée, dans le conseil d'administration, un de ses meilleurs et plus anciens amis, le brave Holstein, lui demanda d'être admis à participer aux chances de l'entreprise, et lui cita à ce propos les saint-simoniens qui marchaient le plus rapidement à la fortune. « Oui, lui répondit Enfantin, les Péreire gagnent beaucoup d'argent, Arlès en gagne pas mal aussi ; comme tu dis, l'eau va à la rivière, mais comme elle coule aussi chez moi, fleuve à sec, j'espère que je pourrai aussi *porter bateau*, et, si possible est, VAISSEAU, pour y naviguer avec les amis[1], et OU TU SAIS BIEN. — Tu vois ces affaires-là par le bout de *la lunette de famille* et tu fais bien ; MOI, je songe à LA GRANDE MARMITE que j'ai toujours MÊME ENVIE DE FAIRE BOUILLIR. »

Ainsi c'était toujours au profit, pour le développement et l'application progressive de ses seules idées qu'Enfantin caressait l'espoir d'une grande fortune. Il travaillait également alors à la formation de la compagnie de Suez, et il écrivit dans ce but une note qui fut lue plus tard aux fondateurs de la société d'études de ce canal. Voici cette note :

1. Nous avons mentionné, au VIe volume, page 229, que la dette saint-simonienne avait été liquidée et éteinte, en cette année 1845, devant Me Huillier, notaire, par un acte intervenu entre Mme Petit et Gustave D'Eichthal, qui fit un versement de 60,000 francs, produit d'une dernière cotisation.

« Messieurs,

Je nourris depuis douze années un projet auquel est attaché l'avenir commercial du globe entier. Votre réunion seule témoigne que ce projet n'est plus seulement un grand espoir, mais que l'heure de sa réalisation est venue.

J'ai mis sous vos yeux des plans et un mémoire qui indiquent une solution aussi simple que grande de ce beau problème, et qui montrent à quel point cette solution est avancée aujourd'hui.

Je dois aux hommes dévoués qui durant ces douze années ont contribué de mille manières à hâter cette époque; je vous dois à vous-mêmes de vous faire connaître comment cette importante affaire a été PRÉPARÉE.

En 1833, je suis parti pour l'Égypte ; j'avais alors publiquement déclaré que j'y allais pour m'occuper de la COMMUNICATION DES DEUX MERS. Le choix des hommes qui m'accompagnaient, ou qui, m'ayant précédé ou suivi, se joignirent à moi, était conforme à une intention de ce genre. Plusieurs d'entre eux, élevés comme moi à l'École polytechnique, d'autres, architectes, dessinateurs, agriculteurs, ouvriers habiles, d'autres encore médecins et littérateurs instruits, voyageurs intrépides, composaient cette mission qui apportait à l'Égypte le tribut des connaissances de l'Europe, afin de la PRÉPARER à pouvoir accomplir cette grande œuvre du siècle, la JONCTION DES DEUX MERS.

Parmi ces hommes dévoués, quinze sont morts de la peste, de fatigue, de misère ; ils sont morts au champ d'honneur sachant à quelle tâche ils avaient voué leur vie, et nous léguant à tous, à moi surtout, le soin d'honorer leur mémoire en poursuivant avec ardeur cette tâche sous le poids de laquelle ils avaient succombé.

En 1833, Méhémet-Ali, vice-roi d'Égypte, était préoccupé d'un colossal projet, le BARRAGE DU NIL; il en avait chargé son ingénieur en chef, M. Linant. Plusieurs d'entre nous s'offrirent comme *volontaires* pour travailler à cette entreprise ; leurs services furent acceptés, et c'est sur le chantier même que s'établit entre Linant et nous cette communauté d'espoir et de travail pour la réalisation de ces deux admirables projets de Napoléon, étudiés par la commission d'Égypte, LA COMMUNICATION DES DEUX MERS et LE BARRAGE DU NIL.

A la même époque, plusieurs d'entre nous faisaient admettre leurs services, soit comme *médecins* dans les armées, soit comme *professeurs* dans les écoles ; enfin tous se rendaient utiles et contribuaient autant qu'il était en eux à développer la sympathie naissante de l'Égypte pour l'Europe.

Les nécessités de la guerre forcèrent bientôt le vice–roi à suspendre les travaux du barrage, et aussi à porter une plus sérieuse attention sur la constitution de ses écoles. Le général Edhem-Bey, ministre de l'instruction publique, et l'illustre Soliman-Pacha, major-général des armées égyptiennes, avaient trop bien apprécié, dans l'affectueuse intimité qu'ils nous avaient accordée, les services que nous pouvions rendre à l'Égypte, pour ne pas saisir cette circonstance. Sur leur demande, les écoles polytechnique et d'artillerie furent fondées et placées sous la direction de *Lambert* et de *Bruneau*. Le corps des ingénieurs fut constitué et eut pour chef *Linant*; l'école de médecine fut réorganisée et *Perron* fut mis à sa tête.

Depuis sept années, la jeunesse de l'Égypte est donc sous la tutelle d'hommes qui portent en eux, Messieurs, la grande espérance qui nous réunit ici, et qui était déjà profondément dans leur pensée, alors qu'elle ne pouvait être aux yeux de tous qu'un beau rêve.

Lorsque ces conditions de l'initiation de la jeunesse égyptienne à la civilisation européenne furent ainsi réalisées, la plupart d'entre nous quittèrent l'Égypte ; moi-même je rentrai en France ; la terre était suffisamment labourée, PRÉPARÉE, le germe était semé. Il fallait d'ailleurs saisir de nouveau et sous de nouvelles formes l'Europe de cette pensée, certains que nous étions de la voir, pour ainsi dire, se développer toute seule en Égypte, mais sans pouvoir y mûrir, tant qu'elle n'aurait pas été cultivée avec le même soin en Europe.

En effet, peu à peu la presse française s'inquiète de la COMMUNICATION DES DEUX MERS comme d'une des plus hautes questions de politique internationale. Un projet de chemin de fer, patronné par l'Angleterre, ne tarde pas à éveiller l'attention de l'Autriche et de la France. Des journaux, des livres propagent, vulgarisent, avec une chaleur dont je vous livre en ce moment le secret, cette grande pensée de l'UNION DES DEUX MONDES, de l'ORIENT et de l'OCCIDENT, des MUSULMANS et des CHRÉTIENS, qui était le principe même par lequel nous pouvions atteindre notre but.

Nous étions puissamment aidés dans nos efforts par le plus admirable événement politique du siècle, par cette tentative généreuse que fait la France en Afrique pour UNIR en une même société des musulmans et des chrétiens, en un mot par l'ALGÉRIE. D'un autre côté l'Égypte, s'éveillant de plus en plus au désir de s'initier à la connaissance des sciences, des mœurs, de l'industrie de l'Europe, envoyait à l'Occident les jeunes fils des beys, des princes, et cette génération nouvelle sortait des mains de nos amis restés en Égypte à la tête des écoles.

En même temps, l'un de nous (Duveyrier) faisait en Angleterre et en France une minutieuse enquête sur la partie de la statistique commerciale qui se rattache à la communication des deux mers. Deux autres (Arlès et Dufour) préparaient en Allemagne les moyens d'aborder, quand le temps serait venu, les principales puissances financières de ce pays. Moi-même je pressais sans cesse nos amis d'Égypte de continuer leurs études, d'achever cet avant-projet que j'ai mis sous vos yeux ; et naguère encore un de nos amis (Plichon) partait de France et allait au Caire hâter la copie et l'envoi de ces précieux matériaux.

Tout ceci, Messieurs, a été fait depuis douze années sans qu'il y ait eu association financière spéciale entre les hommes qui y ont travaillé, sans que ces travaux aient été à charge à d'autres que celui qui les faisait, sans qu'il vous soit demandé à vous-même de prendre autrement qu'en considération *morale* la communication que j'ai cru devoir vous faire de ces dévouements aussi généreux, aussi religieux, qu'ils ont été obscurs ou même méconnus ou calomniés.

Nous avons conscience d'avoir PRÉPARÉ cette grande œuvre comme jamais œuvre industrielle n'a été PRÉPARÉE ; il nous reste à l'accomplir avec vous comme jamais grande entreprise industrielle n'a été faite, c'est-à-dire sans rivalités nationales, avec le concours cordial des trois grands peuples que la politique a souvent divisés et que l'industrie doit unir ; il nous reste à faire, nous société industrielle, ce que la diplomatie tenterait en vain sans nous; il nous reste à tracer sur le globe le SIGNE de la paix et à vrai dire le TRAIT D'UNION entre les deux parties du vieux monde, entre l'Orient et l'Occident.

Messieurs, si par nos efforts depuis douze ans le projet de la communication des deux mers n'est pas resté sur le terrain des conceptions philosophiques et religieuses où nous l'avons saisi et soulevé en 1833, si nous l'avons porté depuis plusieurs années dans le domaine de la diplomatie, aujourd'hui nous devons, avec vous, lui donner entrée, lui ouvrir crédit parmi les grandes entreprises de l'industrie. Ce n'est plus une théorie ou bien une question politique, c'est une affaire. »

Enfantin ajoutait à cet exposé la liste de ses collaborateurs, dans la mission égyptienne :

	Nom	Qualité	Situation
ANCIENS ÉLÈVES DE L'ÉCOLE POLYTECHNIQUE.	HOART,	capitaine d'artillerie,	*mort* au barrage du Nil.
	LAMBERT,	ingénieur des mines,	directeur de l'École polytechnique de Boulac.
	BRUNEAU,	capitaine d'état-major	directeur de l'École d'artillerie, à Thora.
	FOURNEL,	ingénieur des mines,	ingénieur en chef des mines en Algérie.
	PRAX,	officier de marine,	dans le corps des bâtiments civils en Algérie.
	TOURNEUX (F.),	officier d'artillerie,	ingénieur du chemin de fer de Bordeaux.
	DECHARMES,	ingénieur des p. et ch.,	employé en France, aux Sables.
	DROUOT,	ingénieur des mines,	id. id.
	LINANT,	officier de marine,	ingénieur en chef des ponts et chaussées, en Égypte.
	LEFÈVRE,	minéralogiste,	*mort* au Sennaar.
	GONDRET,	chimiste,	*mort* de la peste à Alexandrie.
	JAVARY,	id.	rentré en France; *mort* à Paris, en 1850.
	YVON,	mathématicien,	rentré en France; attaché à l'Observatoire de Paris.
	LAMY,	architecte,	*mort* de la peste en exécutant les construct. du haras de Choubra.
	MACHEREAU,	dessinateur,	professeur de dessin à l'École de cavalerie de Giseh.
	DUMOLARD,	forgeron,	*mort* de la peste au barrage du Nil.
	ALEXANDRE,	mécanicien,	*mort* de la peste au barrage du Nil.
	ACHARD,	peintre,	rentré en France.
	ROGÉ,	musicien,	attaché à la chapelle impériale de Russie.
	DAVID (Félicien),	compositeur de musique,	en ce moment en Allemagne pour y faire aimer l'Égypte.

Ollivier,	agriculteur,	*mort* dans une ferme près d'Alexandrie.
Alric,	sculpteur,	*mort* de la peste après avoir fait le premier buste du pacha.
Busco de Dombasle,	agriculteur,	*mort* de la peste en créant une ferme-modèle à Choubra.
Petit (Alexis),	id.	cultivateur à Vauzelles près Châteauroux (Indre).
Fourcade,	médecin,	*mort* le premier de la peste au Caire.
Lachèze,	id.	rentré en France.
Jallat,	id.	id.
Rigaud,	id.	maire de Pont (Charente).
Charpin,	id.	médecin à la Cassée (Candie).
Perron,	id.	directeur de l'École de médecine d'Égypte.
Cogniat,	id.	*mort* en France.
Delon,	id.	*mort* de la peste au Caire.
Lautour,	médecin-vétérinaire,	rentré en France.
Barrault (E.),	homme de lettres,	rédacteur en chef du *Courrier français*.
Urbain,	id.	interprète principal en Algérie.
Duguet,	id.	employé au ministère des travaux publics.
Granal,	id.	rentré en France.
Collin (Auguste),	id.	rédact. de la *Démocratie pacifique*, auteur des *Paroles du Désert*.
Noel,	id.	orientaliste.
Massol,	id.	rédacteur d'un journal français à Londres.
Maréchal,	id.	*mort* de la peste au Caire.
Janin,	id., art. dr.,	rentré en France.
Combes,	voyageur,	consul de France en Asie-Min.
Tamisier,	id.	rentré en France.
Holstein,	négociant,	caissier du syndicat des agents de change de Lyon.
Reboul,	id.	*mort* dans son deuxième voyage au Sennaar.
Toché,	id.	établi à l'Ile-Bourbon.
Génevois,	id.	*mort* en Égypte.
Sonnerat,	id.	établi à Florence, puis chef du secrétariat du chemin de Lyon.

MARTIN,	négociant,	rentré en France.
BERNARD,	id.	id.
PLICHON,		
GRANAL jeune,		
DAVESUS,		
FERRAND,		

P. ENFANTIN.

La Société d'études du canal de Suez à laquelle Enfantin communiqua cette note, se constitua en 1846. Nous reproduisons le procès-verbal de la séance où fut arrêtée la formation de la société définitive.

« Cejourd'hui, 27 novembre 1846, se sont réunis MM. ARLÈS-DUFOUR, ENFANTIN, NEGRELLI, SELLIER, STARBUCK, STEPHENSON, TALABOT (Jules), TALABOT (Léon) et TALABOT (Paulin), dans le but de former une *Société d'études pour le canal de Suez.*

» M. Paulin TALABOT, en son nom et en celui de MM. NEGRELLI et STEPHENSON, rend compte du résultat d'une conférence entre ces trois ingénieurs.

» Après examen des plans et mémoires de M. Linant, des travaux faits par la Commission d'Égypte et des renseignements publiés sur la communication des deux mers, les trois ingénieurs susnommés déclarent être convaincus de la possibilité, de la facilité même d'établir une communication libre entre les deux mers, en formant selon le projet de M. Linant une sorte de nouveau Bosphore dans le désert de Suez.

» Toutefois il est nécessaire de faire des études complètes des deux points extrêmes, dans la mer Méditerranée et dans la mer Rouge, indépendamment de nouvelles études plus détaillées du désert lui-même, afin de pouvoir apprécier l'importance des travaux à faire pour que les navires puissent profiter de cette nouvelle voie de communication.

» Pour cette triple étude, les ingénieurs susnommés se partageraient le travail de la manière suivante, après s'être entendus sur les instructions générales qui seraient données par chacun d'eux à leurs agents.

» M. Negrelli se chargerait de faire faire les études de la côte, dans la Méditerranée, pour l'établissement d'un port à l'embouchure du nouveau Bosphore.

» M. Stephenson ferait étudier le port de Suez pour son appropriation à la nouvelle destination qu'il recevrait par l'ouverture du Bosphore.

» M. P. Talabot ferait faire, sur le continent, toutes les études nécessaires pour l'établissement de la nouvelle voie de communication entre les deux mers.

» Les ingénieurs susnommés estiment que la Société d'études devrait être constituée au capital de 150,000 francs.

» Un membre désirerait savoir si l'on peut exprimer approximativement le chiffre des dépenses et les revenus probables de l'entreprise.

» MM. les ingénieurs répondent que la Société d'études a précisément pour but de connaître quelles seraient les dépenses de construction du canal des deux mers.

» D'autres membres ajoutent que la Société aura aussi à faire des études sous le rapport commercial, à l'effet de connaître les produits présumables, question sur laquelle il n'existe encore que des aperçus incomplets et sur lesquels il est impossible d'avoir une opinion raisonnée.

» D'autres membres ajoutent que non-seulement il est impossible de répondre aux questions posées avant d'avoir fait les études pour lesquelles la Société est constituée, mais encore qu'il n'y aurait pas utilité à ce que la Société exprimât aujourd'hui une opinion à cet égard, puisque les personnes qui se sont réunies ou qui peuvent se réunir utilement aujourd'hui à cette grande entreprise, n'y ont été entraînées ou ne doivent y être conduites que par la grandeur incontestable d'une œuvre qui doit modifier au plus haut degré toutes les relations commerciales du globe.

» L'Assemblée, adoptant les propositions de MM. les ingénieurs,

» Décide qu'il y a lieu de procéder immédiatement à la constitution de la Société et arrête les bases suivantes :

» La Société sera civile.

» Elle portera le titre de Société d'études du canal de Suez.

» Son siége sera à Paris au domicile de M. Enfantin où seront centralisées les opérations de la Société et les relations entre les associés.

» Le fonds social sera de 150,000 fr. répartis entre les trois groupes formant la Société, à savoir :

» Le groupe	allemand	1/3	du capital.	50,000 f.
—	anglais	1/3	—	50,000
—	français	1/3	—	50,000
				150,000 f.

» Ces trois groupes seraient composés au maximum de dix membres chacun, au minimum de sept, non compris l'ingénieur correspondant au groupe qui en est membre de droit sans toutefois participer à l'apport du fonds du groupe, mais en donnant à la Société le concours de ses travaux.

» La Société se composera ainsi de trente-trois membres au plus.

» Toutefois, il est bien entendu que lors de la liquidation de la Société d'études, soit contre toute attente, par suite de renonciation au projet, soit pour constitution d'une nouvelle Société, dans le premier cas les dépenses faites seraient supportées par portions égales par les trois groupes, les ingénieurs exceptés ; dans l'autre cas, quelle que soit la part que la première Société d'études obtiendrait dans la seconde Société, cette part, divisée en cent parties égales, serait répartie de la manière suivante :

» A chaque groupe de dix, non compris l'ingénieur.	20 parts,	60 parts ensemble.
» A chaque ingénieur.	5 —	15 —
» A un groupe égyptien dont les membres seront désignés par M. Enfantin qui opérera entre eux et lui la répartition.	»	12 1/2 —
» A un groupe composé de personnes désignées par la Société comme ayant exercé une heureuse influence sur l'affaire. . . .	»	12 1/2 —
		100 parts ensemble.

» Poursuivant l'examen des propositions faites par MM. les ingénieurs et déjà adoptées, l'Assemblée décide :

» 1° Que M. Negrelli fera commencer aussitôt que possible, et en s'entendant à ce sujet avec le Lloyd autrichien, les sondages de la Méditerranée et toutes autres études nécessaires pour l'établissement d'un port dans le golfe de Péluse.

» 2° Que M. Stephenson s'assurera immédiatement des dispositions des principaux membres de la Compagnie des Indes à l'égard de cette œuvre ; que, dans le cas où il les trouverait favorables, il s'entendrait avec eux pour que les études du port de Suez se fissent sous leur patronage, et même pour que cette Compagnie fît officiellement une demande d'autorisation d'études à S. A. le vice-roi d'Égypte, sans subordonner toutefois le commencement des études aux lenteurs des négociations relatives à cette autorisation.

» 3° Que M. P. Talabot, après avoir fait prévenir officieusement le consul de France de l'envoi d'une Commission scientifique, chargée de vérifier les travaux de la Commission d'Égypte sur le canal de Suez, enverrait, sous la conduite d'un ingénieur, des géomètres pour faire les nivellements et autres études nécessaires à l'établissement du canal entre les deux ports de Suez et de Péluse.

» L'Assemblée décide que la prochaine réunion aura lieu le lundi 30 courant, pour entendre la lecture du projet d'acte de Société.

» Certifié conforme. — P. ENFANTIN. »

ACTE DE SOCIÉTÉ

Entre les soussignés :

M. Robert Stephenson, ingénieur anglais, demeurant ordinairement à Londres, en ce moment logé à Paris, rue Richelieu, hôtel de Castille, et M. Edward Starbuck, demeurant ordinairement à Londres, en ce moment logé à Paris, rue Richelieu, hôtel de Castille, agissant ici tant en leur nom personnel qu'au nom et pour le compte de divers personnages d'Angleterre, qu'ils se réservent de nommer en rapportant leur adhésion aux présentes conventions . . . . d'une part ;

M. Louis Negrelli, ingénieur autrichien, demeurant ordinairement à Vienne, en ce moment logé à Paris, rue Richelieu, hôtel de Paris ; M. Dufour Géronce, M. Sellier, demeurant ordinairement à Leipzig, et en ce moment logés à Paris, rue Richelieu, hôtel de Paris, agissant tant en leur nom personnel qu'au nom et pour le compte de divers personnages d'Allemagne, qu'ils se réservent de nommer en rapportant leur adhésion aux présentes conventions. . . . d'une seconde part ;

M. F. Arlès, M. Enfantin, M. Jules Talabot, M. Léon Talabot, M. Paulin Talabot, agissant tous tant en leur nom personnel qu'au nom et pour le compte de divers personnages de France, qu'ils se réservent de nommer en rapportant leur adhésion aux présentes conventions,

tous d'une troisième part ;

A été fait ce qui suit :

Les soussignés ont conçu le projet de former une société pour étudier les travaux d'un canal destiné à établir une libre communication entre la mer Rouge et la Méditerranée, en formant, selon les plans de M. Linant, une sorte de Bosphore dans le désert de Suez.

MM. Stephenson, Negrelli et Paulin Talabot, tous trois ingénieurs, après examen des plans et mémoire de M. Linant, des travaux faits par la commission d'Égypte et des renseignements publiés sur cette question, ont déclaré être convaincus de la possibilité d'établir une telle communication.

Mais en même temps ils ont reconnu que les études déjà faites étaient insuffisantes, et qu'il était nécessaire de procéder avant tout à une étude complète et systématique, tant des deux points extrêmes que du désert même de Suez.

Les soussignés, ayant adopté ces conclusions, ont cru qu'il convenait qu'une entreprise de cette importance, dont les résultats doivent tourner plutôt au profit de l'intérêt général que de l'intérêt particulier, fût rendue commune aux grandes nations européennes, et dans cette vue ils ont imaginé de diviser cette société d'études entre trois groupes principaux :

Un groupe d'associés anglais, ayant pour ingénieur M. Stephenson;

Un groupe d'associés allemands, ayant pour ingénieur M. Negrelli;

Et un groupe d'associés français, ayant pour ingénieur M. Paulin Talabot.

Ces explications étant données, les soussignés arrêtent de la manière suivante les statuts de la Société.

Art. 1er. — Il est formé une Société civile entre les soussignés et les personnes dont les adhésions seront par eux rapportées dans les délais ci-dessous indiqués. (Art. 14.)

Art. 2. — L'objet de cette Société est l'étude des travaux à faire pour un canal destiné à établir une libre communication entre la mer Rouge et la Méditerranée.

Art. 3. — La Société portera le titre de Société d'études du canal de Suez.

Art. 4. — Le siége de la Société sera à Paris, chez M. Enfantin, rue de la Victoire, n° 34. — Là se centraliseront les opérations de la Société et les relations entre les associés.

Art. 5. — Le capital social est fixé à fr. 150,000. — Il se divise en trente parts de fr. 5,000 chacune.

Un tiers du fonds social ou fr. 50,000, représenté par dix parts, sera fourni par le groupe des associés anglais,

Pareil tiers par le groupe des associés allemands,

Pareil tiers par le groupe des associés français.

Art. 6. — Chacun de ces groupes sera composé d'au moins sept associés et d'au plus dix, non compris l'ingénieur de chaque groupe qui sera de droit membre de la Société avec voix délibérative.

Art. 7. — Chacun des ingénieurs apporte dans la Société son temps et ses travaux, mais il ne contribue pas à la formation du capital social.

Art. 8. — Chaque part donne droit à une voix dans les délibérations. Tout associé peut se faire représenter par un autre associé, en vertu d'un pouvoir spécial.

En outre chaque ingénieur est admis par exception à envoyer son vote par correspondance.

Ainsi le nombre des voix admises aux délibérations sera de trente-trois; et celui des sociétaires sera au maximum de vingt-quatre, et au maximum de trente-trois.

Art. 9. — Toutes les opérations de la Société seront délibérées en assemblées de sociétaires, et votées à la majorité des voix.

La prochaine réunion déterminera le mode de versement du capital, qui aura lieu à Paris, entre les mains d'un dépositaire choisi par l'assemblée.

L'assemblée désignera un ou plusieurs de ses membres pour viser les mandats de paiement délivrés par ses ingénieurs.

Art. 10. — Les associés se réuniront à Paris, chez M. Enfantin, le premier lundi de chaque mois.

Chaque réunion nommera son président et son secrétaire. Toutes les délibérations seront transcrites sur un registre spécial, et signées du président et du secrétaire.

Deux réunions par an, celles du premier lundi des mois de décembre et de juin, seront plus spécialement consacrées à délibérer sur les points les plus importants.

Art. 11. — Toutes les dépenses de la Société devront, autant que possible, être payées comptant, afin d'éviter tout appel de fonds au delà du capital ci-dessus fixé.

Cependant si, contre toute attente, le capital de fr. 150,000 étant épuisé, les études n'étaient point terminées, il sera convoqué une assemblée spéciale, à la requête, soit de M. Enfantin, soit de l'un de MM. les ingénieurs.

Les avis pour cette convocation seront adressés au moins trois mois à l'avance ; l'assemblée, ainsi convoquée, décidera, à la majorité des deux tiers des voix, s'il y a lieu de continuer les études au moyen d'un appel de fonds.

Dans ce cas les associés qui n'auraient pas voté cette continuation des études, auront pendant un mois le droit de déclarer, par lettres adressées à M. Enfantin, qu'ils cessent de faire partie de la Société, et qu'ils renoncent à tous droits quelconques résultant de leur qualité d'associés et de leurs précédents versements.

Art. 12. — Les études étant terminées, il y aura lieu à la dissolution de la présente Société, soit par l'abandon du projet et le partage de ce qui pourra constituer l'actif de la Société d'études, soit par la constitution d'une nouvelle Société destinée à l'exécution même du projet.

Cette résolution sera prise dans une assemblée spéciale, convoquée comme on l'a dit article 11, mais par avis donné au moins deux mois à l'avance.

La simple majorité des voix présentes ou représentées suffira pour que le projet et sa mise en exécution soient adoptés.

Dans ce cas, quelle que fût la part que la Société d'études obtiendrait dans la Société définitive, cette part serait divisée en CENT parties égales réparties (ainsi que les obligations qui pourraient y être inhérentes) de la manière suivante :

1° Chacune des parts de la présente Société donnera droit à deux parts ou deux centièmes, ce qui fera par chaque groupe vingt centièmes, ou, au total, soixante centièmes. . . . . ci 60/100

2° Chacun de MM. les ingénieurs aura droit à cinq centièmes, ou pour eux trois quinze centièmes. . . ci 15/100

Ensemble 75/100

3° Quant aux vinq-cinq centièmes de surplus, la Société en fera la répartition suivant les services déjà rendus ou qui seraient rendus ultérieurement à l'entreprise.

Sont dès à présent attribués douze et demi centièmes à M. Enfantin, tant pour lui que pour diverses personnes qui se sont occupées avec lui en Égypte de l'étude de cette entreprise et dont M. Enfantin devra fournir la liste à la Société dans un délai de......

Étant bien expliqué que les bénéficiaires de ces diverses parts devront se soumettre à toutes les conditions et obligations imposées aux autres associés dans la Société définitive, et que, faute par eux d'y satisfaire immédiatement quand il y aura lieu, la Société rentrerait dans la disposition des parts qui n'auraient pas accompli leurs obligations.

ART. 13. — Dès aujourd'hui les soussignés déclarent souscrire, savoir :

M. Stephenson et M. Starbuck pour le groupe anglais, *Dix parts*, ou	fr.	50,000 »
MM. Negrelli, Dufour, Sellier, *Dix parts* pour le groupe allemand, ou		50,000 »
MM. Arlès, Enfantin, Jules, Léon et Paulin Talabot. *Dix parts* pour le groupe français, ou		50,000 »
Trente parts. Total	fr.	150,000 »

Chacun des associés fait élection de domicile en sa demeure.

Chaque adhésion ultérieure des nouveaux associés devra contenir une élection de domicile.

Art. 14. — S'il arrivait que dans le délai de six semaines à compter de ce jour, l'un des groupes se déclarât dans l'impossibilité de fournir les adhésions dont il est question ci-dessus, la présente Société sera considérée comme nulle et non avenue.

Cette déclaration devra émaner de tous les associés d'un groupe et être adressée à M. Enfantin, qui préviendra chaque groupe, soit de l'annulation, soit de la constitution définitive.

A partir du jour où la présente Société sera devenue définitive, chaque groupe jouira d'un délai d'un mois pour rapporter les adhésions de chaque associé.

Chaque adhésion sera accompagnée du versement d'un cinquième du capital de chaque part, de manière à former immédiatement un fonds de trente mille francs.

Fait en trente-trois exemplaires, à Paris, le 30 novembre 1846.

MODÈLE D'ADHÉSION.

Je soussigné,

Après avoir pris connaissance d'un acte en date à Paris du 30 novembre 1846, contenant les conditions d'une Société civile formée entre MM. Stephenson, Starbuck, Negrelli, Dufour, Sellier, Arlès, Enfantin, Jules Talabot, Léon Talabot et Paulin Talabot, ayant pour objet l'étude des travaux à faire pour un canal destiné à établir une libre communication entre la mer Rouge et la Méditerranée.

Déclare adhérer purement et simplement aux conditions de ladite Société, et m'intéresser pour une part de CINQ MILLE FRANCS dans le groupe des associés.

Je reconnais qu'un exemplaire de cet acte m'a été remis et je fais élection de domicile en ma demeure à

Fait à le

Ont signé de semblables adhésions les dix membre du groupe allemand, savoir :

MM.

ROBERT GEORGI, domicilié à Mylau, près Reichenbach, en Saxe, le 18 janvier 1847.

Jacques-Henri THIÉRIOT, domicilié à Dresde, en Saxe, le 10 janv. 1847.

MM.

Louis Sellier, domicilié à Leipzig, en Saxe, le 20 janvier 1847.

Albert Dufour-Féronce, id. id.

Gustave Harkort, id. id.

Commune de Trieste, signée par le président du magistrat de la ville, Mutius-Joseph Tommazini.

Bourse de Trieste, signée par la députation de la Bourse, MM. Élie Morpurgo, premier député, directeur, Frédéric Buhger.

Lloyd autrichien de Trieste, signé par les directeurs, MM. Bruck, Brucker, Élie Morpurgo, — secrétaire, J. H. Lhasfer.

Chambre de commerce de Venise, signée par le vice-président de la Chambre de commerce, M. Emmanuel Mélichi et le secrétaire Louis Arnaud.

Société industrielle de la Basse-Autriche, à Vienne, signée par le président, M. Colloredo Mannsfeld.

L'adhésion de MM. Robert Stephenson et Ed. Starbuck est sous forme de lettre.

Le groupe français se compose de :

MM. Arlès, Dufour, Brosset aîné, Enfantin, Jules Talabot, Léon Talabot, Paulin Talabot, et des chambres de commerce de Lyon et de Marseille, dont les adhésions ont été données sous la forme suivante :

Lyon, le 17 mars 1847.

Le Président de la Chambre de commerce de Lyon,

A. M. Enfantin, membre de la Société d'études d'un canal entre la mer Rouge et la Méditerranée.

Monsieur,

J'ai l'honneur de vous adresser la délibération par laquelle la Chambre de commerce de Lyon offre son concours à la Société d'études du canal de Suez. — La Chambre de commerce a montré le plus noble empressement à concourir à l'entreprise utile et glorieuse que la Société se propose. J'espère que celle-ci acceptera sa participation sous la forme qui lui est donnée et qui est la seule possible, comme un témoignage de vive sympathie.

Veuillez agréer, Monsieur, l'hommage de ma considération la plus distinguée.

Le Président de la Chambre de commerce de Lyon, BROSSET aîné.

EXTRAIT DES REGISTRES DES DÉLIBÉRATIONS DE LA CHAMBRE DE COMMERCE DE LYON.

Dans la séance du 25 février 1847, où se trouvent réunis :

M. H. Jayr, pair de France, Préfet du Rhône, Président ;

M. Brosset aîné, Président ;

MM. Bodin, Bruno, Faure, Dufournel, Arguillère, Ricard, Brisson, Meynier, La Chaise, Jaine, Reverchon, Tardy et Monterde Emmanuel, secrétaire.

Il est donné lecture du procès-verbal de la dernière séance, la rédaction en est adoptée.

Par priorité sur l'ordre du jour,

Sur la proposition et à la suite d'un exposé verbal de M. le Président, dont les motifs et les conclusions sont mis immédiatement en discussion ;

La chambre de commerce de Lyon,

Après avoir pris connaissance:

1° D'un acte, en date de Paris, du 30 novembre 1846, contenant les conditions d'une Société civile formée entre MM. Stephenson, Starbuck, Negrelli, Dufour, Sellier, Arlès, Enfantin, Jules Talabot, Léon Talabot, Paulin Talabot, ayant pour objet l'étude des travaux à faire pour un canal destiné à établir une libre communication entre la mer Rouge et la Méditerranée ;

2° Des adhésions données à cet acte par la commune de Trieste, par le Lloyd autrichien, par la Bourse de Trieste, par la Chambre de commerce de Venise, par la Société industrielle de Vienne ;

Considérant, que l'œuvre qui a pour objet l'union des deux mers, si elle était accomplie, amènerait les résultats les plus grands et les plus utiles pour le commerce de la France en général, et en particulier pour celui de Lyon, qui deviendra le passage obligé des marchandises et des voyageurs entre l'Angleterre et les Indes, et qu'à ce double titre cette entreprise inspire à la Chambre de commerce de Lyon la plus vive sympathie ;

Considérant qu'il est hors de ses attributions d'adhérer purement et simplement à un acte de société, et que cependant elle tient à honneur de manifester ses sentiments par une participation matérielle aux études qui vont être faites ;

Délibère ce qui suit :

La Chambre du commerce de Lyon concourra pour une somme de cinq mille francs aux frais d'études du canal projeté entre la mer Rouge et la Méditerranée.

Cette somme sera offerte à la Société constituée comme il est dit ci-dessus ; elle lui sera comptée sur sa demande et aux époques qu'elle indiquera.

Ladite somme sera prélevée sur les fonds libres de la condition des soies.

La présente délibération sera soumise à l'approbation de M. le pair de France, préfet du Rhône.

Pour extrait conforme, le secrétaire membre de la Chambre. Signé : Em. Monterde.

Vu et approuvé par nous, pair de France, préfet du Rhône.

Lyon, le 15 mars 1847. Signé : H. Jayr.

Pour copie conforme,

Le secrétaire, membre de la Chambre. Signé Em. Monterde.

Marseille, le 12 octobre 1847

LA CHAMBRE DE COMMERCE DE MARSEILLE,

A M. Enfantin, membre de la Société d'Études du canal de Suez.

MONSIEUR,

La Chambre de commerce de Marseille, informée qu'une société avait été projetée entre des ingénieurs et des capitalistes français, anglais et allemands, pour étudier les travaux d'un canal à travers l'isthme de Suez, s'était empressée, dès le 5 mars dernier, de concourir par un vote de fonds à la réalisation de cette heureuse pensée.

Notre vote ayant aujourd'hui reçu la sanction nécessaire de M. le ministre du commerce, nous sommes prêts à compter à la Société dont vous êtes un des fondateurs, la somme de cinq mille francs, qui constitue notre apport.

A cette occasion nous vous prions de remarquer, Monsieur, que ce concours financier ne saurait nous engager en rien pour l'avenir; inutile d'ajouter que nous attacherons toujours du prix aux renseignements que vous voudrez bien nous adresser sur le résultat des travaux de votre Société, au succès desquels, ainsi qu'elle vous en donne aujourd'hui le témoignage, notre chambre porte le plus vif intérêt.

Veuillez agréer, Monsieur, l'assurance de notre considération très-distinguée.

Signé : J. Rabaud aîné, président, Is. Roux, Bazin, L. Reymond, Regis aîné, Roussier, — . . . .

BERTEAU, *Secrétaire.*

XLIII

(1847)

Pendant que s'accomplissaient tous ces actes préparatoires de la grande œuvre de Suez, sous l'impulsion active d'Enfantin, d'autres associations industrielles, nous l'avons dit, s'étaient formées pour relier les ports de la Méditerranée et de l'Océan, à travers la France, par la voie des chemins de fer, et le chef des saint-simoniens s'était trouvé là encore pour prendre l'initiative de la fusion des compagnies de Paris et de Lyon, et presser l'exécution des travaux qui devaient ouvrir au commerce du Levant cette importante et rapide communication avec l'Europe occidentale. La marche de cette négociation et les difficultés dont son succès fut entouré sont exposées dans la correspondance d'Enfantin, notamment dans ses lettres à Arlès, et elles sont toujours accompagnées de digressions politiques, sociales ou religieuses, qui montrent le continuateur de Saint-Simon toujours préoccuppé, jusque dans son ardente application aux entreprises particulières, de l'amélioration générale de la famille humaine, par le bien-être et l'élévation morale de la classe la plus nombreuse et la plus pauvre. Ainsi, dans la même lettre où il parlait longuement à son ami du chemin de Paris à la Méditerranée, et de ses entretiens avec les ingénieurs sur cette grande affaire, il abordait, à propos des puissances financières, la question d'une féodalité industrielle :

« *La Démocratie pacifique*, disait-il, a raison de dire que ce temps-ci est celui de la féodalité industrielle, mais elle a oublié qu'on est passé de la féodalité *militaire* du moyen âge à l'organisation des *armées*, où la *fortune* et la *naissance* ne donnent plus le *grade*; il en sera de même pour l'industrie, qui aura d'ailleurs l'avantage de s'organiser à force de *produire*, tandis que les armées ne se sont organisées qu'à force de destruction et pour détruire. D'ailleurs l'humanité possède aujourd'hui le secret de ces transformations, elle pourra donc les opérer consciencieusement, peu à peu, pacifiquement, sans révolution de l'avenir contre le passé, de ce qui *veut avoir*, contre ce qui *possède*.

» Moi, je suis tout disposé à contribuer, le plus possible, à faire avoir à Paulin le duché de Provence, qu'il tient déjà, et même le comtat d'Avignon qu'il convoite, n'en déplaise au pape. Je verrais Julien duc de Bourgogne, que je n'en serais nullement effrayé pour l'avenir de la France, et je me réjouis que Bartholony soit duc d'Orléans, pourvu qu'il n'attaque pas l'héritier de Charles le Téméraire et ne chasse pas sur ses terres. Le bon roi de France Rothschild, quoique Juif, ne me fait pas trembler pour les chrétiens ni même pour les saint-simoniens; il est tolérant ce bon prince, et si la liberté des cultes n'existait pas, il l'aurait je crois inventée. Que dis-je, roi de France? n'est-il pas aussi empereur d'Allemagne, trônant à Vienne et couronné à Francfort; n'a-t-il pas, comme César, pris l'Angleterre; n'est-il pas, plus que le pape, souverain d'Italie, maître de Rome?

» En un mot, je sens Rothschild maître de la ligne du nord et du midi, de la grandissime route royale de France. Les malheureux qui croient gouverner font tout ce qu'il est humainement *possible* de faire, pour qu'il soit *impossible* à Rothschild, voulut-il l'éviter, de ne pas mettre sur sa tête le plus beau fleuron de la couronne de France. Pour le nord, il a hésité, reculé, refusé, on lui faisait la part trop belle ; humble et modeste comme il l'est, il a dit : *retrò Satanas !* mais aujourd'hui il va courber la tête, il a vu les épines de la couronne, il se soumet. »

» Pour Lyon, qu'est-il? Rien. Il est derrière son beau cousin Salomon, l'alderman *in partibus*; il se cache, timide violette. Pour Avignon, qu'est-il encore? Pas grand'chose, le caissier, le courtier, le banquier juif de l'affaire. Eh bien! les Chambres veulent à toute force, non pas crucifier, mais couronner le roi des Juifs; il se laisse faire.

» Vous voyez dans quelle disposition d'esprit je suis ; il me semble que c'est en se plaçant à ce point de vue qu'on peut bien comprendre le fait industriel qui va se produire et qui s'appellera la concession des chemins de fer de Paris à Lyon et de Lyon à Avignon. Il fut un temps, qui n'est pas loin, où les grandes questions politiques s'appelaient liberté de la presse, libertés municipales, liberté individuelle. A une autre époque, elles s'appelaient Austerlitz, Iéna, Wagram ou Marengo ; à d'autres, c'était autour de Jansénius, ou de Luther, ou de Calvin que voltigeaient les esprits supérieurs; aujourd'hui c'est près de Rothschild qu'il faut voler (sans calembour) et sur les rails qu'il faut marcher, si l'on veut se mêler vraiment aux grandes affaires de ce monde.

» Hier, j'entendais un ami, fervent adorateur du dieu de l'éloquence parlementaire, déplorer que, depuis quinze ans, près de l'autel où il a élevé et où il soutient son fétiche Guizot, il ne s'était pas élevé un seul rejeton vivace de ce tronc qui parle aussi bien que ceux de Dodone, et qu'en un mot le parlement n'enfantait que du vent. Mon ami en est membre, et il sent bien ce qui l'entoure.

» C'est qu'en effet les hommes qui mènent réellement les affaires du monde ne sont pas là, et que vous êtes bien plus les députés de Lyon, vous, messieurs du chemin de fer, et moi aussi délégué, que ces MM. Fulchiron et Terme et même que l'illustre robinet d'eau tiède que vous avez envoyé à la Chambre pour la présider, c'est-à-dire pour l'engourdir ; c'est enfin, j'en demande pardon à Sa Majesté, que, pour jouer aux osselets avec Thiers, Guizot ou Molé, jeu que Louis-Philippe joue si bien, est pour Rothschild un jeu d'enfant qu'il ne daigne pas même jouer, il profite des coups, mais il joue, lui, aux chemins de fer, et m'a félicité de ce que je me mettais de la partie, disant ou du moins me faisant entendre que c'était là le grand jeu des hommes forts. — P. Enfantin. »

Cela était écrit en 1845. Un an après, plus convaincu que jamais de l'importance, pour le saint-simonisme, de prendre une haute position dans les affaires industrielles, comme acheminement à une haute position politique, essentiellement profitable à ses conceptions sociales et religieuses, Enfantin se détournait de ses méditations philosophiques et de ses travaux administratifs pour s'occuper de candidatures électorales; il écrivait encore à Arlès :

« Brosset ni vous ne me paraissez tenir le moindre compte des résolutions électorales de Paulin Talabot, Didion, Plichon, Péreire (les deux), d'Eichthal (Adolphe), etc., et vous me parlez de Jean (Reynaud) qui sent l'Apocalypse à plein nez. Les premiers seront les derniers. Si Brosset, si vous, n'entrez pas *avant*, ceux-là qui s'appellent Jean Reynaud, Leroux, Laurent, Transon, Cazeaux n'entreront jamais. Fournel peut-être, mais Barrault, point; Charton peut-être, mais Lambert, point. A chacun son temps, et je suis étonné que vous attendiez celui de Jean ...... [1].

1. L'ordre établi en 1846 se perpétuant, les prévisions d'Enfantin auraient pu se réaliser; mais la révolution de 1848 changea complétement les données sur lesquelles il s'était fondé.

» Si vous ne sentez pas, ajoutait Enfantin, que, tenant maintenant les gros fils de l'industrie, nous devons tisser l'étoffe de la politique industrielle; si vous avez le malheur de croire que nous avons à copier O'Connell ou Cobden, et non pas à prendre directement la route qui mène à pouvoir et à faire plus que ne peut et ne fait Peel, tant pis. — Songez que si nous sommes bien campés dans le monde non politique, non officiel, il faut que nous menions ce monde-là à devenir *politique* et *officiel*[1],

1. Une autre lettre de la même époque constate le vif désir qu'éprouvait Enfantin de voir les industriels dans la voie politique où Saint-Simon les avait appelés; la crise électorale semblait le préoccuper pardessus tout. « Le père Cazeaux, disait-il à Arlès dans cette lettre, m'écrit que Jules Le Chevalier est présenté par Billaudel lui-même comme remplaçant dudit. — Julien me dit que Barillon a des chances. — Laurent pousse le père Gauthier dans l'Ardèche. — Paulin Talabot est à peu près certain d'Avignon, et Péreire d'un collége de la Sarthe. — Didion y songe un peu de son côté. — Que dit Brosset? — Et vous, que pensez-vous? — Tout cela mérite considération. — Nous nous y prenons un peu à court; mais vaut mieux tard que jamais et que trop loin. — D'un autre côté, Lamoricière, qui est aussi un vieux de la vieille (genre militaire), se présente à Angers et va probablement prendre l'Algérie où se trouve Fournel, qui m'écrit aussi qu'on lui offre de Marseille une candidature. Ce serait bien le diable si ces velléités diverses passaient devant notre laboratoire sans que nous les mettions à notre creuset ou à notre alambic pour en extraire la quintessence. — C'est qu'en effet c'est comme cela que le parlementaire doit se transfigurer. — Lamartine m'écrit un mot d'adieu très-gentil. Il me dit *matière*, je lui réponds *dogme*, et je lui dis que plus que jamais je compte sur lui, l'homme à la haute pensée. — Le fait est que Lamartine

sans détruire celui qui a ces titres aujourd'hui, c'est-à-dire en nous introduisant dans son sein. »

Enfantin ne se bornait pas à combattre la tendance à copier les hommes politiques et les réformistes de la Grande Bretagne ; il s'élevait aussi avec force contre la disposition trop générale en France à recourir incessamment aux ingénieurs et aux mécaniciens d'outre-Manche.

« ..... Je vous confesse que je ne suis pas encore parvenu à avaler vos locomotives anglaises, écrivait-il à Arlès, à la même époque (juillet 1846), cela me paraît même une opinion de *voltigeurs*, ceci soit dit sans porter atteinte au sapeur Paulin et au tambour-major Arlès. Si je ne me trompe, il y a une différence de quelques 10,000 francs dans le prix, et c'est surtout pour de tels engins que la France actuelle doit se mettre en train de fabriquer

serait admirabilissime, si vous étiez tous à la chambre (Lamartine avait déployé alors le drapeau du *parti social* depuis longtemps). Jusque-là il y végétera, dites-le lui, écrivez-le lui. — Faites donc que le père Delahante fasse nommer Adrien à Mâcon ou dans la Loire. Parandier est venu me voir. En voici un qui méritait, comme C., d'être des premières fournées, c'est du *pain mollet*; M. a été de la seconde, c'est du *pain sec*, la troisième fournée doit être du *pain cuit*. — Le *boulanger* viendra après voir si c'est de la bonne besogne. — Ouvrez-moi les portes du parlement, si vous voulez qu'on n'y parle plus tant quand j'y entrerai, et qu'on soit prêt à *agir*. — Je vous donne rendez-vous à votre barre. » — P. ENFANTIN.

bien et beaucoup. Vous ne tenez pas beaucoup, je pense, à avoir une montre anglaise, un piano anglais, ni même un cheval anglais; mais ce à quoi nous devons tenir, ce me semble, c'est à ce que le Français sache faire les fusils et canons de l'armée avec laquelle nous devons conquérir le monde, et qui s'appelle, au dix-neuvième siècle, machine à vapeur.

» J'aimerais donc infiniment mieux que Paulin et vous, vous vous occupassiez de rêver à nos ateliers, de nos deux et même trois chemins à Lyon, de manière à les rendre capables, non-seulement de réparer, mais de renouveler les cinq cents locomotives que nous aurons de Paris à Marseille.

» Que le pays du grandissime Jacquart et des Montgolfier et tant d'autres, que Lyon donne lestement, comme vous le faites, sa démission; que Lyon se déclare impuissant à faire des locomotives, que Lyon déclare Paris impuissant à en faire, cela me paraît un aveuglement ou plutôt une exagération de la réaction contre les droits protecteurs.

» Soyez sûr que nous approchons du moment où nous aurons nos Bréguet en ce genre, et que rien, absolument rien ne s'oppose à ce que nous fassions aussi bien que les Anglais cette machine sacerdotale du dix-neuvième siècle.

» Croyez enfin que si quelque chose doit être encore protégé, encouragé en France, c'est la fabrication des locomotives; car il n'y a pas de plus puissant moyen d'*éducation* de la classe ouvrière française.

» Le règne de Napoléon a commencé par les travaux théoriques et surtout pratiques de Fourcroy, Monge, Bertholet, Chaptal, sur les poudres, les salpêtres, la fonderie des canons et les manufactures d'armes.

» Je vous engage donc à avoir les yeux sur les faiseurs de rails, de coussinets, de locomotives français, si vous voulez que les Français continuent leur apostolat. »

Mais cet infatigable apôtre n'avait pas à s'occuper seulement des intérêts du monde, il avait une vie intérieure qui n'était pas exempte de soucis.

« Enfantin, avons-nous dit, au sujet de l'enfant qu'il présenta lors de la prise d'habit, à ses disciples de Ménilmontant (VIIe vol., pag. 80); Enfantin avait plus que le sentiment de l'amour filial à respecter et à satisfaire dans l'ordre de la nature; le vieil homme en lui avait connu aussi les tendres émotions, les joies et les douleurs de l'amour paternel. Il avait un fils [1] dont il avait cru ne

1. Arthur avait été confié à Abderahman Rouchdy qui, après

pouvoir, par considération purement doctrinale, épouser la mère selon les formes sacramentelles de l'ancien monde. »

Rappelons aussi qu'à la même époque il avait écrit à cette mère : « Chère amie, je t'ai dit la mis-

l'avoir emmené en Égypte et placé sous la direction de Lambert, s'était chargé ensuite lui-même de lui servir de patron, ce dont Enfantin le remercia en ces termes, en octobre 1846 : « Mon cher Abderahman, votre plan de travail pour Arthur me paraît excellent: inspection, rapports, secrétariat et continuation d'études arabes, anglaises, turques et mathématiques; voilà de quoi devenir un homme utile, et surtout utile pour une grande œuvre, à laquelle il faudra bien qu'Arthur s'attèle avec nous tous.

» Vous avez appris, ajoutait Enfantin, que nous gardions Perron à Paris : il en sera sans doute de même pour Bruneau. Je tiens beaucoup au moment où nous mettrons hautement et clairement notre affaire de Suez sur le tapis des *affaires industrielles*, à avoir sous la main le plus d'hommes possible ayant connaissance de notre longue et patiente élaboration de cette affaire. J'ai déjà en France Barrault, Urbain, Sonneraz, Colin, Duguet, David, Granal, Prax qui ont suivi les premières phases de l'affaire. Nos amis Plichon, Carette, Warnier s'y sont rattachés depuis. Duveyrier, Jourdan et bien d'autres veulent y prendre part. Or, il viendra un moment où, en effet, il sera nécessaire d'avoir partout des agents dévoués et actifs, prêts à toutes démarches, *vrais commis voyageurs de la Maison de Dieu.*

» Vous qui êtes au poste, préparez les instruments, et parmi eux, surtout, Arthur. Il a été très-bon guide pour Garbeyron qui allait s'amuser, il faudra qu'il le soit pour Stephenson, Négrelli et Talabot, qui iront travailler. C'est le plus important et le plus difficile ; je voudrais bien que cela fût pour lui plus intéressant, plus agréable, et que ce lui parût plus *digne de lui.* »

En 1847, Arthur vint à Paris pour presser le départ des ingénieurs pour l'Égypte, où il retourna la même année avec eux, pour en revenir peu de temps après avec M. Bourdaloue.

sion divine que je sentais m'être donnée; tu sais la grandeur de la vocation qui anime tout mon être; et toi, mon amie, tu m'as promis de m'aimer comme je voudrais être aimé; eh bien, que ton amour pour moi ressemble à la foi sainte qui échauffait les heureuses femmes aimées de Jésus!... La main d'Arthur dessinera sur mon front l'auréole qui marque ma mission d'affranchissement pour toutes les femmes; tous deux vous serez toujours pour moi ce que vous avez été jusqu'ici, les anges que Dieu m'a donnés, pour me rappeler que je dois payer, à toutes les femmes et à tous les enfants des hommes, la dette que j'ai contractée envers vous. »

Mais la mère d'Arthur, après la rentrée d'Enfantin dans le monde, fut amenée à croire que les considérations doctrinales qui avaient empêché le missionnaire divin de consacrer civilement leur union, n'avaient plus pour l'ancien apôtre de Ménilmontant le même caractère obligatoire. Le mariage légal, qu'elle avait toujours désiré et espéré, lui apparaisait enfin comme possible, et elle en fit surtout l'objet d'une sollicitation ardente, quand elle vit Enfantin se mêler aux travaux et prendre rang parmi les bourgeois de la société ancienne. Cette persistance était d'autant plus naturelle, chez une femme qui était restée attachée aux croyances du vieux monde, qu'Enfantin avait à subir, à ce moment, la même pression, de la part, non-seulement de ses parents catholiques, mais de quelques-uns de ses disciples les plus chers, Duveyrier entre autres. L'effet de toutes ces obsessions sur l'esprit et la santé du maître se montre sous une forme saisissante dans ces quelques mots adressés à Arlès, le 24 janvier 1847 :

« Ma crise intérieure est en train et je ne sais quand et comment elle finira. C'est encore une gymnastique qui m'éreinte, si bien que je ne vaux pas deux sous. Il m'arrive même quelquefois de penser qu'au premier jour vous pourriez bien recevoir une lettre (non de moi) vous annonçant que cette vieille forme dans laquelle Dieu a incarné une parcelle de sa volonté, cette vieille forme que vous aimiez et qui se nomme Enfantin, a cessé d'être utile au monde, et que cette volonté de Dieu, qui est ma vie, s'est transformée. Le fait est que je suis las, non point que les années me pèsent, comme on dit, mais parce que sur chacune de ces années déjà lourdes par elles-mêmes, s'amoncellent des travaux, des ennuis, des batailles qu'un jeune homme supporterait à peine. Si je continuais ainsi deux ans encore, je suis certain qu'il me faudrait aller ou à Curson ou au désert chercher de la solitude et du repos. — P. ENFANTIN. »

Cette lassitude, cette souffrance, cet accablement de l'homme qui avait appris le calme et communiqué la force à tant d'autres, contristait profondément les disciples dont les relations avec le maître étaient restées étroites et journalières. Presque tous étaient persuadés qu'Enfantin ne pouvait recouvrer son état normal, sa sérénité d'esprit, sa bonne santé, que par le mariage légal ou une rupture complète, et ils laissaient tous apercevoir que cette dernière solution leur paraissait plus facile à obtenir que la première. Enfantin répondit à l'un d'eux :

« Paris, 29 janvier 1847.

» Je sais bien que vous me trouverez par trop entre les deux selles, c'est-à-dire entre le *mariage* et la *séparation complète*, et que l'une ou l'autre de ces solutions vous semblerait préférable pour tous à cette situation intermédiaire qui serait en effet incompréhensible chez tout autre que chez moi. Mais vous savez bien qu'il ne m'est pas possible de séparer ma vie en deux, et que mes actes, dans le cercle de la famille, ont la même importance religieuse à mes yeux, que la percée de Suez et l'organisation industrielle des peuples et de l'humanité tout entière. J'ai conservé cette vieille habitude de juger mes actes en me plaçant à cinq cents années en avant et en me demandant ce qu'ils auront pu produire, et par conséquent comment ils seront jugés. A ce point de vue, le mariage ou la séparation me paraissent si niais, ils me semblent tellement prouver la molle lassitude d'un bonhomme ennuyé qui se débarasse bêtement d'une difficulté en faisant le plongeon, que je me révolte contre la figure que cela me ferait faire dans cinq siècles. Vous direz sans doute qu'à la rigueur vous comprenez cela pour ce qui me concerne, mais que cela n'en est pas moins très-rude pour Adèle. Je le sais parbleu bien, mais comment voulez-vous que ce soit doux d'aimer un pistolet comme moi? il n'y a qu'un moyen de s'en trouver bien, c'est d'en être le plomb et la poudre et de ne faire qu'un avec cette arme diabolique, qui s'est nommée en tous temps *Apôtre de la volonté de Dieu*.

» A vous. — P. ENFANTIN. »

Cette lettre provoqua une réponse où l'on disait au *précurseur de la femme Messie* qu'il devait, quoi qu'il pût lui en coûter, faire cesser une situation, devenue pour lui intolérable, et qu'il ne s'agissait après tout que de ne pas sacrifier sa vie entière à la femme vis-à-vis de laquelle il ne s'était engagé que parce qu'elle *s'était trouvée sur son passage.*

— « Y avez-vous bien songé, reprit Enfantin, quand vous m'avez dit : Une femme qui *s'est trouvée sur votre passage.* — Est-ce que vous croyez, par exemple, que vous êtes un homme qui s'est trouvé sur mon passage, vous pourtant que je n'ai pas rendu père ? Bon Dieu, quel passage !.... Comment, voici vingt-cinq ans que je me bats et débats dans cette étreinte d'homme à femme, et vous prenez ça pour une passade de ma vie, moi qui n'ai pour ainsi dire pas su ce que c'était qu'une passade en aucun genre, moi qui ai reçu de Dieu la plus vigoureuse *constance* d'affection unie à la plus grande *mobilité* de forme dans mes affections, moi qui ai gardé l'amitié pour tant d'anciens camarades même en restant dix ou quinze ans sans les voir, moi qui ai eu jusqu'à trois années de constance même pour une fille publique ! Mon cher ami, Arthur n'est pas une simple virgule dans un feuillet de notre évangile, et l'homme, qui est venu prêcher la nécessité providentielle de nouveaux rapports entre l'homme et la femme et le classement selon la capacité quelle que soit la naissance, a une très-grande partie de sa vie engagée dans la solution de ces deux problèmes vivants : ADÈLE et ARTHUR.

» P. ENFANTIN. »

Par ce respect pieux pour les liens du sang, Enfantin témoignait combien était religieusement enraciné en lui le sentiment de la sainte égalité de la chair et de l'esprit. Mais toutes les raisons qu'il opposait aux instances dont il était l'objet ne pouvaient pas être appréciées et admises par ceux qui ne se plaçaient pas comme lui à une distance de cinq siècles en avant. Ses déclarations si nettes et si formelles ne purent convaincre la plupart de ses anciens fils et de ses amis qui tenaient par-dessus tout à sa tranquillité intérieure, et qui craignaient aussi que la considération dont il devait jouir dans le vieux monde, où il prenait une si haute position, ne fût amoindrie par des relations auxquelles la société chrétienne et bourgeoise appliquait des qualifications mal sonnantes. Enfantin continua donc de recevoir des avis, des observations, des doléances qui trahissaient toujours plus ou moins cette crainte. Mais cette persistance inquiète de l'amitié n'ébranla ni sa conviction, ni sa résolution. On peut en juger par cette lettre du 17 mars 1847, adressée à l'un de ses plus intimes, plus sincères et plus dévoués conseillers :

« J'ai reçu, il y a quelques jours une lettre de D.... qui m'a dit, à propos d'Arthur : « C'est un souci de plus que vous allez vous mettre au cœur. Maintenant P..... me parle dans le même sens, et B.... m'assure qu'il me donnera de l'ennui à cause de la position de sa mère. Vous vous bornez, vous, à reconnaître que ma position est fort délicate. Tout cela est bel et bon, mais je ne vois pas à quoi cela peut servir de nous répéter ainsi ce que nous savons fort bien les uns et les autres, à savoir, que je ne suis pas venu au monde pour enfiler des perles, pour jouer aux épingles, ou enfoncer des portes ouvertes, mais bien plutôt pour blanchir des nègres, ce qui est très-délicat, très-difficile, dans la famille comme dans l'État, en morale aussi bien qu'en politique.—Si D...., si B..., si vous, vous trouviez que la famille actuelle est un Eldorado, je concevrais que vous me communiquassiez vos émotions sur les difficultés du rôle que j'entreprends, parce que votre effroi pourrait m'être salutaire et me faire peur à moi-même au point de m'entraîner à laisser la tâche à plus brave que moi.

» Au reste, grâce à la façon dont j'ai l'esprit et le cœur faits, grâce surtout à la foi terrible que j'ai dans la volonté de Dieu à l'égard de ce qu'on appelle le mariage, peut-être est-il bien que vous-mêmes, vous les élus de mon cœur, vous vous montriez aussi timides pour m'aider dans mon œuvre, à tel point que vous ne savez, comme les vieux papes de Rome, que gémir. — C'est piteux quant à vous, mais évidemment c'est puissant quant à moi ; cela m'oblige d'autant plus à trouver en moi la puissance génératrice d'où doit naître un monde nouveau.

»..... Avec la patience que Dieu m'a donnée, avec toutes les fibres les plus délicates de ce cœur qui est tout de lui et à lui, avec mes larmes et mon courage, je fais, comme David, une symphonie, mon cantique des cantiques, ma sainte famille, mon évangile moral, que je ne donnerais pas, moi, pour mon évangile politique, philosophique, ou économique, ou littéraire, que vous et B.... estimez assez haut.

» Relisez donc un peu, s'il vous plaît, ce que je vous disais A TOUS en finissant *le Globe*, vous verrez si je me bornais à me vanter d'être *un politique distingué*.

» J'ai dit une fois à D.... qu'il était bien osé de se permettre d'inventer et de me dicter le dénouement de ce drame qui est ma vie, mais au moins lui, avec son imagination de comète et avec son cœur qui m'aime, il rêvait un dénouement, il visait un but; mais vous tous aujourd'hui, chers amis, vous ne visez rien du tout. Ah! vous avez peur que je n'aie souffert et que je ne souffre d'un enfant!.... pauvre petit! mais il se nourrit du lait qui fait les forts. Est-ce que je ne suis pas fils d'un *failli*? est-ce que cet héritage ne m'a pas fait fermer la porte des gardes du corps où l'on voulait me faire entrer? Est-ce que la jeune fille que j'aimais à vingt ans ne m'a pas été refusée parce que mon père avait failli? Est-ce que dans ma pension même, on n'a pas parodié vingt fois devant mon frère et moi, à propos de calottes données et rendues, *la banqueroute du savetier?* est-ce que, *pour cela même*, je n'ai pas toujours été bon fils et fils respectueux envers mon père? est-ce que ce n'est pas moi, et pas même Saint-Simon, qui, à cause de cela, ai annoncé l'abolition de l'héritage?

» Oui, j'ai souffert, je souffre et je souffrirai pour vous faire accepter, à tous, les êtres qui me sont chers, de quelque nom que le monde les appelle; mais vous y viendrez tous... de votre vivant, ou dans votre vie éternelle!...

» P. ENFANTIN. »

Ce fut sous le poids de cette crise intérieure et de ses préoccupations industrielles qu'Enfantin se décida à publier ses travaux dogmatiques et politiques des années précédentes, ses lettres à un catholique et à MM. Guizot, Michelet, Quinet, etc., sous le titre de : *Correspondance philosophique et religieuse*. Ce livre ne fut tiré qu'à un petit nombre d'exemplaires, pour être adressé à des personnes dont l'auteur attendait une appréciation éclairée et impartiale, sinon tout à fait sympathique. A l'occasion de cette publication, Enfantin reçut de nombreuses lettres, parmi lesquelles nous avons choisi les suivantes comme curieuses et utiles à reproduire :

« Paris, 1er novembre 1847.

« Monsieur,

» Vous n'êtes pas de ces auteurs que l'on loue, vous êtes de ceux par qui l'on fait un progrès dans la vie spirituelle ; non un écrivain, mais un maître, mais un initiateur violent et tyrannique sous la forme d'une grande douceur.

» Je ne puis, je ne dois donc pas vous envoyer une expression quelconque de ces sentiments, qu'avec un peu de goût et d'intelligence, on éprouve toujours pour des qualités qui chez vous ne sont que des accessoires.

» Mais ce que je dois vous envoyer, l'impression, l'état de mon âme sous le coup de votre pensée, je vous demande la permission de le retenir encore.

» Vous avez touché au problème qui m'agite le plus : s'il y a ou s'il n'y a pas un temporel et un spirituel.

» J'ai besoin de me recueillir et de me reconnaître, avant de vous faire cette réponse, à laquelle, je le sens, je suis obligé devant l'Esprit.

» En attendant que ma pauvre intelligence, plus aimante que clairvoyante, essaie à comparaître devant vous, daignez agréer, Monsieur, et *mieux que Monsieur*, l'hommage de mon affection toute particulière. Il y a longtemps qu'un lien mystérieux me rattache à vous. L'honneur que vous m'avez fait de vous douter de mon existence à propos de votre livre, cet honneur m'est tout particulièrement précieux, parce qu'il me permettra, je l'espère, j'ose l'espérer, de rendre moins mystiques les communications que depuis longtemps j'entretiens avec vous.

» Je voudrais trouver une formule qu'un usage banal n'aurait pas altérée pour vous dire combien je vous suis en vérité tout dévoué.

» RAPETTI. »

« Ce 4 novembre 1847.

» Cher maître,

» Je suis bien touché de votre bienveillant souvenir; vous avez raison de ne pas douter de celui que je vous ai toujours gardé. Vous êtes un de ceux auprès de qui j'ai le plus appris. Je vais retrouver en vous lisant quelques-unes de ces idées qui donnent à penser sur l'avenir et qui ouvrent des horizons.

» Merci encore, et tout à vous.

» SAINTE-BEUVE. »

« Paris, 12 décembre 1847.

» Monsieur,

» J'étais fort occupé de vous quand votre livre est venu faire chez moi son apparition bienveillante. Je n'avais pas une œuvre à vous offrir; si plus tard je deviens auteur, je serai on ne peut plus flatté que vous daigniez agréer cet hommage... Quelle que soit la distance qui sépare ma foi de vos doctrines, je n'éprouve point d'embarras à convenir que je suis profondément touché de l'honneur que vous avez bien voulu me faire. On peut être fier quand on reçoit d'un homme tel que vous une marque d'estime. Vous aimez sincèrement l'humanité, Monsieur, et votre âme est admirable d'élévation, de dévouement et de courage. Vous êtes bon et vous aimez ce qui est juste. Ce sont là de magnifiques éléments de christianisme, et, par ce côté, vous êtes notre frère, un frère illustre de qui nous pouvons recevoir de beaux exemples et d'utiles leçons. Mais ensuite vous ne serez pas étonné de m'entendre dire que, dans ma conviction, certains de vos principes trahiraient vos désirs et ne pourraient devenir la loi du monde sans y produire des effets parfaitement contraires à ceux que votre cœur appelle... »

Après une courte discussion sur les points où la dissidence éclate entre le saint-simonisme et le catholicisme, l'auteur de la lettre terminait ainsi :

« Veuillez être assez bon, Monsieur, pour me pardonner tout ce discours et agréer l'hommage de respectueuse considération, etc. — L'ABBÉ CŒUR.

» *P. S.* Votre gracieux envoi ne m'est arrivé que fort tard par la faute du concierge de l'archevêché ; vous voudrez donc bien excuser la lenteur que j'ai mise à vous remercier. »

« Palais-Royal, 17 décembre 1847.

» Monsieur,

» Je m'étais présenté chez vous pour vous remercier tout particulièrement du souvenir très-flatteur que vous avez bien voulu m'accorder, en m'envoyant votre livre. Je l'avais lu avec un plaisir très-vif, et je ne doute pas que sa lecture, si elle trouve place au milieu des préoccupations de M. le gouverneur général, ne soit aussi très-agréable à M. le duc d'Aumale. Votre livre sera très-prochainement entre ses mains. Vous savez le prix qu'il attache à vos idées sur l'Algérie. Pour être moins pratiques, les aperçus philosophiques qui font l'objet de votre récente publication n'en méritent pas moins l'attention, l'examen, et je dirais le suffrage si je ne devais engager que moi, de tous les esprits sérieusement préoccupés de l'avenir de l'humanité.

» Veuillez agréer, etc. — CUVILLIER FLEURY. »

« Paris, 22 novembre 1847.

» Monsieur,

» Je n'ai trouvé que tout dernièrement les moments de loisir que je désirais consacrer à la lecture de la *correspondance philosophique et religieuse* que vous avez eu la bonté de m'envoyer. Je viens de finir cet excellent livre d'un cœur et d'un esprit excellents.....

» Je n'ai peur que d'une chose en laissant venir sous ma plume tout ce que je ressens après la lecture de ce livre, c'est de n'avoir compris qu'à moitié et de n'exprimer qu'imparfaitement cette haute et douce philosophie que je viens de rencontrer sur mon pauvre chemin d'homme de loi. — Je vous prie, Monsieur, etc. — FERDINAND BARROT. »

« 18 novembre 1847.

» Mon cher Enfantin, vous voulez bien me permettre de vous adresser un de mes amis, Fabas, qui désirerait vous entretenir d'un nouveau procédé applicable au chemin de fer? Je vous remercie beaucoup de l'envoi de votre volume, bien que je n'en aie retiré qu'une impression chagrine, en voyant que nous étions aussi divisés que jamais; ce qui ne m'empêche pas de me dire votre tout dévoué et tout rempli de bons souvenirs.

» JEAN REYNAUD. »

« 6 novembre 1847.

» Monsieur,

» Tout en m'excusant de mon retard à vous remercier, je ne puis cependant encore vous féliciter après lecture, comme j'ai le désir et le devoir de le faire, bien sûr que je lirai l'ouvrage d'un homme d'esprit. Le temps me manque aujourd'hui, mais ce que je ne puis différer, c'est de vous adresser mes remercîments pour m'avoir compris au nombre de ceux qui prennent intérêt aux saines doctrines de philosophie religieuse, appliquées au temps présent. — JOMARD. »

« Je commençais la lecture de votre correspondance philosophique, Monsieur, lorsqu'on m'a remis l'exemplaire que vous avez bien voulu signer de votre nom. Dans la solitude où je vis, rien ne saurait être plus flatteur ni plus agréable que la visite d'un esprit tel que le vôtre. Croyez, monsieur, que je n'ai point attendu votre aimable appel pour donner une sérieuse attention aux idées dont vous êtes le plus illustre représentant. Je remarquais dernièrement combien les écrivains de ce temps-ci se sont montrés ingrats envers la doctrine de Saint-Simon. Ils l'ont effrontément pillée pour la renier ensuite à peu près comme des voleurs de grand chemin qui bâillonnent leur victime afin de n'être point trahis par ses cris. J'espère ne pas me rendre coupable du même crime mais plutôt me montrer semblable à ces emprunteurs consciencieux qui ne renient jamais leur dette et s'efforcent d'en acquitter régulièrement l'intérêt.

» Si le hasard vous conduisait quelque jour jusqu'en ces déserts où me retient mon incapacité absolue à goûter les charmes du temps présent, je m'estimerais heureuse, monsieur, de vous dire de vive voix la haute considération avec laquelle je suis votre servante. — M. D'AGOULT. »

» 31 décembre 1847. »

XLIV

(1848)

La lettre de Mme d'Agoult parut à Enfantin devoir être distinguée parmi toutes celles qu'il avait reçues. Mais la multiplicité des travaux et la gravité des soucis qui pesaient alors sur lui l'empêchèrent d'y répondre aussi exactement qu'il l'aurait voulu. Ce ne fut qu'à la fin de janvier qu'il put écrire à cette dame ces quelques lignes :

« Paris, 26 janvier 1848.

» Madame,

» Pardonnez-moi d'avoir si longtemps tardé de répondre à la gracieuse lettre que vous m'avez adressée. A des travaux très-lourds, j'ai eu la maladresse d'ajouter la maladie de tout le monde.

» J'avais là, madame, ces bonnes lignes gravées dans de belles pages, et je dois vous avouer que je n'avais pas osé vous en remercier autrement que par l'envoi de mon livre. Je suis heureux d'être maintenant autorisé par vous à vous en témoigner directement et plus explicitement toute ma gratitude.

» Vous avez bien senti avec votre cœur de femme, que ce gracieux rayon du jour de justice serait très-doux pour mon cœur d'homme; ils ne l'ont pourtant ni glacé par leur indifférence, ni découragé par leurs injures, ni désolé par leur *pillage effronté*, mais ils m'ont fait plus ardemment désirer des témoignages d'estime et de sympathie tels que celui que vous voulez bien me donner.

Les charmes du temps présent vous tiennent dans la solitude, et moi les affaires de ce monde m'enveloppent, m'emprisonnent, me rivent à ma chaîne de fer. Pourtant il faudra bien qu'un jour j'en brise un anneau, moi, qui suis aussi un débiteur consciencieux pour aller payer ma dette de reconnaissance à vous, madame, qui faites si loyale guerre aux pillards du monde, à vous qui, hautement devant le public, et tout bas dans votre aimable billet, avez porté secours, consolation et espoir à votre tout dévoué. — P. ENFANTIN. »

Peu de jours auparavant, Enfantin avait été encore remercié et félicité pour son livre par une autre femme que nous avons appelée *la première parmi les premières* qui professèrent et enseignèrent ouvertement le saint-simonisme. La lettre de Claire Bazard, écrite en janvier 1848, est surtout remarquable pour nous en ce qu'elle vérifie ce que nous avons dit de la réconciliation annoncée par Enfantin à Jules Lechevalier sur la tombe de Bazard. Ce n'est pas encore une communion parfaite entre les apôtres si violemment divisés, mais c'est un rapprochement plein d'espérances. Ceux qui, sous le règne du scepticisme, sentirent ensemble Dieu et l'humanité, selon l'expression de M. Renan, sont liés par une croyance commune qui doit finir par prévaloir contre les dissidences secondaires. Voici un extrait de la lettre de Mme Bazard :

« Charenton-Saint-Maurice, 21 janvier.

» Monsieur, si j'avais reçu en son temps votre bienveillant souvenir, je ne me pardonnerais pas de vous en remercier aujourd'hui seulement ; Albert vous aura expliqué comment votre billet est longtemps resté à la gare du nord.

» Je ne connais encore votre ouvrage que par mes amis ; je n'en ai lu que les quelques mots affectueux que j'ai trouvés sur la première page. Je commencerai ce soir même à le lire, et ce sera, croyez-le, avec un très-vif intérêt. Si grand'mère que je sois devenue, je ne suis pas tout à fait insensible aux questions de généralités, et je sais toujours admirer ceux qui, plus forts et plus heureux que moi, ont gardé l'espérance et la foi au milieu du déluge d'égoïsme qui menace de nous engloutir.

» Saint-Chéron me charge de vous dire qu'il a lu votre ouvrage, mais comme il se réserve de vous en dire lui-même son sentiment, je n'ajouterai pas un seul mot.

» Adieu, monsieur, je suis heureuse de trouver l'occasion de me rappeler personnellement à votre souvenir et vous remercie encore pour avoir pris l'initiative. »

» Votre très-dévouée. — C. veuve BAZARD. »

A ce moment, les agitations du monde politique avaient leur contre-coup dans le monde financier et industriel. Des symptômes d'orage apparaissaient à l'horizon. Enfantin avait dit en 1842 : « Si nous n'avons que des Bourbons, il est évident qu'ils seront embourbés. »

En 1848, le Bourbon, dans Louis-Philippe, en était à faire la dernière preuve de son identité originelle. Enfantin voyait approcher sans sourciller la Révolution qu'il avait prévue et qui lui semblait devoir poser plus nettement les questions de réforme sociale. Le 31 janvier, il écrivait à son ami Brosset, à Lyon :

« Quoi qu'en disent les *Débats*, à l'article *Bourse*, je ne suis pas du tout disposé à croire la crise finie, vous pouvez le dire à notre cher collègue, M. Gautier, qui me demande mon avis sur ce point. L'air est trop chargé d'orages politiques, la terre trop couverte de travaux commencés qui révolutionnent l'industrie et le commerce, pour que, jusqu'à une *liquidation* politique et financière, la prudence ne soit pas la règle de conduite des riches, et la misère le lot croissant des pauvres. Que sera la liquidation financière? je n'en sais rien, mais il y aura liquidation. Ce ne sera pas une copie de la liquidation de 1814 ou de celle de 1830, mais ce sera analogue en ce sens que 1814 a soldé ses comptes au crédit de la noblesse et du clergé, 1830 au crédit de la bourgeoisie, et que X liquidera au profit de la classe la plus nombreuse et la plus pauvre, au profit des TRAVAILLEURS. Alors les hommes politiques ne seront ni des marquis, ni des avocats, mais bien les chefs des travailleurs. Alors les affaires, les bonnes affaires, celles qui donneront à leurs chefs une belle et forte position, ne seront pas celles qui auront été conçues en vue de la prime pour les banquiers et du dividende pour les actionnaires, mais en vue de la bonne organisation donnée au travail, et du bien-être croissant donné aux travailleurs.

» Jusque-là, il est vrai que nous en sommes, je

crois, assez près, je ne peux pas croire à un relèvement sensible des affaires, tandis qu'il est très-permis de prévoir des abaissements de la température politique et financière. — Je sais bien que dans les affaires, il ne faut pas trop calculer à distance, et que le talent est de saisir au jour le jour le degré de chaleur convenable pour mettre son nez et ses écus à l'air; mais, je le répète, je ne crois pas que mes prévisions soient à grande distance. Louis-Philippe en est, ainsi que le parlement, où en étaient Napoléon et son armée en 1812 ou 13, où en étaient Charles X, ses marquis, ses aumôniers en 1828 ou 29, où en étaient Louis XVI et sa cour en 89. Seulement, j'ai foi que la *liquidation* sera pacifique, sans guillotine, sans étrangers, sans glorieuses journées. » — P. ENFANTIN.

Ces prévisions se réalisèrent. La monarchie de Juillet fit bientôt place à la République, sans guillotine, sans étrangers, aussi sans journées glorieuses comme celles de 1830. Une nuit de panique suffit pour mettre en fuite le roi, la reine, la famille royale, les ministres et le parlement. La Révolution fut si pacifique qu'elle débuta par abolir la peine de mort en matière politique. Enfantin éprouva un grand contentement de cette mesure. Mais sa joie pour cette conquête sur la pénalité homicide ne lui fit pas perdre de vue celles qui restaient à faire sur la misère, plus largement et plus universellement homicide encore. Plus que jamais il se préoccupa du bien-être croissant à donner aux travailleurs. Mais il s'aperçut tout d'abord que l'esprit démagogique allait renouveler ses vieilles tentatives d'organisation anarchique, sans Dieu, sans fraternité religieuse, sans hiérarchie intellectuelle et morale, et, craignant que les égalitaires et les communistes ne fussent trop pressés de compromettre la cause de la République, et surtout celle du *bon socialisme*, il écrivit à ce sujet au rédacteur en chef de *la Presse* :

« Mon cher Girardin, voici une note que je viens d'envoyer à Lamartine. Il me semble que vous et lui devez enterrer les alchimistes du Luxembourg dans leur alambic d'organisation du travail. »

« 2 mars 1848.

» Sauvez le principe de l'échec inévitable qu'il éprouvera en sortant du creuset de Louis Blanc. Sauvez-le, en réalisant pratiquement ses premières conséquences, tandis qu'ils veulent lui faire produire de suite ce qui sera la grande œuvre du siècle, ou mieux encore des siècles. »

» A dimanche. — P. Enfantin. »

(*Note*). La dernière loi discutée par la chambre

des pairs était relative aux *Enfants* des ouvriers.

« Une des premières lois qui allaient être discutées à la Chambre des députés, était relative aux *Pères* des ouvriers.

» Aujourd'hui, l'ouvrier réclame pour *lui-même* une loi.

» *Éducation*, *retraite*, *salaire* pour les travailleurs, tel est en effet le triple problème que le gouvernement de la République doit résoudre.

» A l'ouvrier qui demande le règlement immédiat des nouvelles conditions du travail, le gouvernement peut répondre : Commençons par nous occuper, vous et nous, de vos enfants et de vos *pères* et *mères*.

» Sur les Tuileries, la main du Peuple a écrit : *Invalides civils*.

» Sur les forts détachés, le gouvernement devrait écrire : *Écoles de l'Industrie*.

» Ou mieux encore, dans ces forteresses de la royauté, la vieillesse et l'enfance du *Peuple* devraient être réunies pour que le dimanche l'ouvrier y trouve le repos entre son père et son enfant.

» La commission qui vient d'être nommée, sous le titre de commission de gouvernement pour les travailleurs, est destinée à prendre une initiative bien salutaire ou bien dangereuse, selon l'ordre d'après lequel elle voudra étudier et résoudre les trois questions capitales de l'organisation du travail.

» L'*Éducation*, la *Retraite*, le *Salaire*.

» Dès à présent le gouvernement *provisoire* lui-même peut, sans troubler en rien les éléments actuels de la société et en s'appuyant sur l'adhésion universelle, pourvoir à l'*éducation* de l'enfance et à la retraite des vieillards.

» Si, au contraire, la partie virile de la population, impatiente d'améliorer immédiatement le salaire du travailleur, entraînait la commission et le gouvernement à improviser un règlement nouveau des rapports de l'ouvrier et du chef d'atelier, du travail et du capital, de l'industrie et de la propriété, ce serait alors une perturbation complète de toutes les existences, une rénovation instantanée de la législation, ce serait une anarchie impossible ou plutôt un inévitable et déplorable retour du passé, une *Restauration*. — P. E. »

L'apôtre de la classe la plus nombreuse et la plus pauvre ne se borne pas à provoquer le concours du journalisme en faveur de sa malheureuse cliente. Il sait le rôle important que la force des choses, expression de la volonté de Dieu, réserve à l'autorité publique, dans l'accomplissement des progrès sociaux et la conduite des révolutions. Il s'adresse donc au pouvoir pour l'aider dans cette œuvre difficile, pour l'éclairer sur les moyens financiers que les circonstances exigent. Il écrit au ministre des travaux publics du gouvernement provisoire :

Au ministre des travaux publics.

« 10 mars 1848.

» Monsieur le Ministre.

» Vous venez de me dire que le gouvernement s'occuperait demain, sur votre proposition, de mesures d'urgence à prendre : soutenir le travail.

» Avant-hier les chefs des plus grandes industries ont prié M. le Ministre des finances de traiter, au nom du gouvernement, avec la Banque de France, pour qu'elle élève son service au niveau des circonstances actuelles ; les bases de ce traité sont d'une part :

» Que la Banque escompterait *tout* papier à trois signatures, sur Paris ou la province, déclaré *bon* par son conseil d'escompte ; qu'elle prêterait sur dépôt de rentes, de bons du Trésor, des canaux et obligations de chemins de fer en exploitation, qu'elle ferait sur dépôt d'actions de chemin de fer non libérés les versements appelés.

» Et d'une autre part :

» Que le Gouvernement garantirait à la Banque, pendant toute la durée de ce service extraordinaire, l'intégralité de son capital.

» Le pis aller de cette mesure, si elle n'était pas d'ailleurs de nature à rétablir le travail et le crédit, serait d'amener la Banque de France à la situation où s'est trouvée la Banque d'Angleterre durant vingt années de guerres avec la France, c'est-à-dire de rendre son billet monnaie obligatoire.

» Or, quoi qu'on fasse pour retenir en France le numéraire, il disparaîtra. C'est la conséquence financière inévitable de toute grande révolution, l'histoire le démontre, les efforts en sens inverse sont impuissants et pleins de dangers.

» Faites, monsieur le Ministre, qu'on ne puisse pas dire que la Banque de France est la cause directe de la fermeture d'une seule grande entreprise de travail. Cette opinion serait le signal d'une catastrophe épouvantable.

» Je suis avec respect, monsieur le Ministre, votre dévoué serviteur. — P. ENFANTIN. »

P.-S. « Veuillez jeter les yeux sur les deux notes

incluses qui me paraissent renfermer des mesures complémentaires de celles que je viens de vous soumettre. »

(*Notes*) « Disposer dès à présent du montant de l'impôt foncier de 1849, au moyen d'engagements du contribuable rendus monnaie obligatoire par l'estampille de l'État.

» Les percepteurs des contributions directes présenteront à la signature du contribuable des engagements pour le montant de leur cote de contribution foncière.

» Les engagements seront divisés en titres de 500 fr., 100 fr., 5 fr. et 1 fr.

» Ils seront extraits de registres à souche.

» Ils porteront l'indication du département, du canton, de la commune et de la paroisse, et le nom du contribuable qui les aura signés, ainsi que la signature du percepteur.

» Ces billets seront envoyés par les soins des receveurs généraux du trésor public où sera apposé le timbre de l'État.

» Le double vice des assignats était :

» 1° Que leur émission était illimitée,

» 2° Que la garantie qui leur était affectée était illusoire quant au *temps*, au *mode* et à la *valeur* de l'exécution de cette garantie.

» Ces deux vices sont évités pas le projet ci-dessus.

Projet de décret.

« 20 mars 1848.

» Le gouvernement provisoire,

» Considérant qu'un des plus impérieux devoirs du gouvernement est de prévenir les dangers qui pourraient résulter de la suspension des travaux dans les entreprises industrielles qui occupent tant d'ouvriers.

» Qu'il importe d'appliquer cette prévision salutaire principalement aux compagnies de chemin de fer, et successivement aux grandes industries qu'elles alimentent;

» Que la substitution de titres de crédit public à des valeurs industrielles paralysées doit contribuer à rétablir l'ordre et la confiance dans les transactions financières. »

Décrète :

« Les chemins de fer concédés à des compagnies industrielles rentrent dans les mains de l'État aux conditions suivantes :

» 1° Pour les chemins de fer en exploitation totale, les actionnaires recevront en échange de chaque action une inscription de rente 3 p. 0/0, donnant droit à une rente égale au dividende de la dernière année d'exploitation.

» Il sera statué ultérieurement sur la quotité de l'indemnité à payer pour le rachat des lignes qui étant en exploitation depuis plus de deux ans ne produisent pas de dividende.

» 2° Pour les chemins de fer en exploitation partielle ou en cours de construction, et pour ceux dont l'exploitation totale ne remontera pas à deux années, les actionnaires recevront, en échange de chaque action, une rente 3 p. 0/0 égale à l'intérêt 4 p. 0/0 du capital versé par eux.

» 3° L'État conservera le personnel des compagnies.

» 4° L'État se substitue aux compagnies dans leurs engagements avec des tiers.

» 5° Le Ministre des finances et le Ministre des travaux publics détermineront les chemins de fer auxquels le présent décret pourra être appliqué.

» Les Ministres des finances et des travaux publics sont chargés, en ce qui les concerne, de l'exécution du présent décret. »

Lorsque Enfantin soumit ce projet à des membres du ministère, le gouvernement provisoire s'occupait précisément des moyens de soulager les misères que la suspension du travail et du commerce produit inévitablement le lendemain des révolutions. Mais pour remédier à tant de maux, le gouvernement n'imagina rien de mieux que d'appliquer les oisifs forcés, les indigents de toutes les professions, à une œuvre commune, et il ouvrit, dans le sein de la capitale, de vastes et nombreux chantiers où l'esprit de paresse et l'esprit de faction purent se donner rendez-vous pour faire concurrence à la misère réelle et former, sous le titre d'*ateliers nationaux*, un camp de réserve pour les fauteurs de guerre civile. Cependant le projet d'Enfantin qui pouvait, mieux que l'expédient essayé par le gouvernement, faciliter la reprise régulière du travail, n'était qu'ajourné et non repoussé. Le 6 avril, son auteur écrivait à son ami de Leipzig :

« Mon cher Dufour,

» Le décret sur les chemins de fer n'est pas encore rendu, mais la mise sous le séquestre du chemin d'Orléans presse d'autant plus la mesure générale que le gouvernement se propose de prendre, pour faire rentrer dans les mains de l'État tous les chemins de fer. Cette mesure sera probablement suivie de beaucoup d'autres de même nature qui mettront dans les mains de l'État ou des communes des industries d'intérêt public. — C'est-à-dire, en général, celles qui sont soumises, déjà, à une surveillance directe de l'administration. — Il est probable également que la plupart des industries qui réunissent, dans un même lieu, un très-grand nombre d'ouvriers, particulièrement les mines et les fabriques du matériel destiné aux chemins de fer, imploreront elles-mêmes le rachat par l'Etat, pour se tirer des difficultés que présentent aujourd'hui, à des particuliers, l'organisation et la direction de ces masses de travailleurs.

» Tout ceci doit nous montrer que, dans mon opinion, il se passera bien du temps avant que les affaires prennent un cours normal ; ce qui paraît surtout certain, c'est que toute combinaison d'affaires que l'on pourrait concevoir sur les bases de notre ancienne constitution financière et industrielle, serait une illusion.

» Ainsi, comme vous le savez bien, tous les anciens agents de la circulation et du crédit, les banquiers, sont perdus ; en même temps, d'une part, la Banque de France va embrasser dans sa puissante unité toutes les banques locales, jusqu'ici indépendantes d'elle, et, d'une autre part, dans presque tous les centres industriels s'établissent des comptoirs d'escompte qui seront les intermédiaires entre la Banque de France et l'industrie ; cette institution n'est encore qu'en germe, mais c'est elle qui grandira, tandis que les banquiers sont morts ou meurent tout à fait.

» En résumé, l'époque actuelle n'est pas révolutionnaire dans l'ordre politique seulement, elle l'est surtout dans l'ordre financier, industriel, économique, non-seulement en France, mais dans tout le reste de l'Europe. — P. ENFANTIN. »

Cependant la fièvre électorale agitait profondément la France. Enfantin s'attendait bien à ce que ceux de ses anciens disciples dont il regardait l'élection comme tout à fait improbable en 1846, fussent certainement élus après les événements prodigieux de février 1848. Le 28 mars, il avait reçu de Laurent le billet suivant :

« Je suis bien persuadé que vous n'avez pas attendu le lendemain de la proclamation de la république pour penser à moi. Voici donc venir les questions qui intéressent *la classe la plus nombreuse et la plus pauvre*. Je les ai annoncées dans mes toasts aux banquets républicains et dans les assemblées populaires. J'espère les trouver à l'Assemblée nationale. L'ami qui vous remettra ces lignes vous dira où j'en suis à cet égard.

» Toujours tout à vous. — LAURENT. »

Laurent fut élu en effet, et aussi Jean Reynaud, Carnot, Charton et Pierre Leroux. D'autres anciens saint-simoniens, Bac et Allègre de Limoges, Jules André (de l'Hérault), etc., siégèrent aussi à l'Assemblée constituante.

Mais, selon les prévisions et les craintes exprimées par Enfantin dans sa lettre au rédacteur en chef de *la Presse*, le socialisme démagogique et impraticable, facilement dupe d'agents provocateurs, continua ses démonstrations terrifiantes et vint les renouveler jusque dans le sein de la représentation nationale et à la tribune même. Le lendemain de cette triste saturnale, Enfantin écrivit à Arlès :

« Paris, 16 mai 1848.

» Eh bien, comprenez-vous que nous n'avons dû, en aucune façon, nous montrer dans ce malheureux gâchis?

» Comprenez-vous aussi qu'en me donnant tout entier à faire faire l'*acte* des chemins de fer, même sans y réussir, j'étais et je suis à mon poste, car cet acte serait tout aussi significatif, dans son genre, que le serait, dans un autre genre, une déclaration de guerre à l'Autriche ou à la Russie.

» La loi devait être présentée aujourd'hui. Nous voilà encore une fois reculés ; cependant je redouble d'efforts, mais il y a si peu de gens qui comprennent la valeur politique de cet *acte*, et en général d'un *acte*. Tous ces mâtins-là sont encore des discuteurs d'idées.

» Le tonnerre de Dieu gronde comme au 6 juin. Je n'ai pas encore entendu le tonnerre des hommes, mais cette journée promet d'être chaude.

» Soyez sûr que si le terrain politique est déblayé de royauté, il faut aussi qu'il soit déblayé de 93 pour que nous puissions utilement agir.

» La garde nationale répond à l'appel ; hier elle a été très-ardente.

» Duclerc va toujours bien. — Et de plus en plus il y a affection entre nous. — P. ENFANTIN. »

Peu de jours après, Duclerc, ministre des finances, déposa enfin le projet de rachat des chemins de fer par l'État. C'était un moyen de procurer un travail sérieux et productif aux véritables ouvriers, manquant de pain, et dignes de la sollicitude nationale ; et à cet avantage momentané se joignait ensuite celui d'assurer au public, dans un avenir moins éloigné que le terme fixé dans le bail des compagnies, un abaissement progressif dans les tarifs. Malheureusement, la discussion de ce projet ne put commencer que la veille des journées de juin. M. de Montalembert l'attaqua violemment comme entaché de spoliation, à la séance du 22. Le lendemain, encouragé par Enfantin, qui tenait au succès de son inspiration, Laurent répondit qu'on ne spoliait pas des gens qui désiraient ardemment d'être dépouillés au moyen d'une indemnité qui leur semblait préférable à une ruine certaine. Mais il dut s'interrompre au milieu de son discours et céder la parole au général Cavaignac, venant rendre compte de ses efforts pour faire cesser la lutte fratricide qui ensanglantait les rues de Paris. L'insurrection, fomentée par toutes les factions, monarchiques ou démagogiques, ne fut vaincue définitivement que dans la matinée du 25. Ce jour-là, Enfantin écrivit les deux lettres suivantes :

A M. P. Talabot.

« Paris, 25 juin 1848.

» Cher ami, nous sommes au troisième jour d'une horrible bataille, et je vous envoie copie d'une lettre de Negrelli qui est tout à fait en harmonie avec celle que je vous ai écrite dernièrement, pour vous prier de mettre plus activement que jamais toute votre âme au projet de Suez. Si j'avais déjà eu vos idées sur l'exécution du canal d'après le nivellement de Bourdaloue, j'en aurais déjà fait usage, c'est vous dire combien je désire les avoir promptement, car les motifs qui m'auraient poussé à m'en servir sont plus urgents chaque jour. J'espère que vous n'aurez pas, pour vous en convaincre, un spectacle semblable à celui que nous avons sous les yeux. Si la France ne se lançait pas prochainement dans l'exécution de grandes œuvres, dont la plus grandiose sans contredit serait celle de Suez, nous continuerions à voir le peuple des travailleurs se détruire aux applaudissements des bourgeois.

» Je vous ai déjà exprimé bien souvent combien je comptais sur vous dans cette situation solennelle, je vous prie donc en grâce de subordonner vos inquiétudes et vos travaux, quelque lourds qu'ils soient constamment, aux pensées de prochain avenir que nous avons le devoir d'inspirer, et pour lesquelles vous voyez que nous trouvons écho chez nos amis d'Allemagne.

» Dès que vos idées seront arrêtées sur la communication des deux mers, veuillez, je vous prie, rédiger un mémoire qui puisse me servir de base pour faire passer notre société *privée* d'études à l'état de *projet politique* d'exécution.

» Je n'ai rien à vous dire sur l'affaire des chemins de fer, suspendue nécessairement pour quelques jours ; j'ai bien la conviction que, quoiqu'il arrive, la ligne de Paris à Marseille sera reprise par l'État, mais quand et comment, je l'ignore. Tout à vous. — P. ENFANTIN. »

A M. Negrelli, à Vienne.

« Paris, 25 juin 1848.

» Cher collègue, je reçois votre excellente lettre du 17 courant au milieu de circonstances politiques des plus graves, et je la reçois comme un signe de l'influence que nos efforts communs peuvent exercer sur cette situation politique, aussi grave pour l'Allemagne que pour la France. Déjà, dans cette prévision, j'avais pressé notre collègue Talabot (et je lui renouvelle plus vivement mes instances en lui envoyant copie de votre lettre), d'arrêter ses idées sur le nouveau plan que nécessiterait le résultat inattendu du nivellement de Bourdaloue.

» Je crois, comme vous, que le grand problème qui occupait les anciens, et que Napoléon avait voulu faire revivre, est un de ceux dont la solution contribuera le plus puissamment au mouvement social actuel de l'Europe; comme vous le dites encore, les trônes peuvent être ébranlés, brisés, les peuples n'en conservent pas moins ou plutôt sentent davantage le besoin de se réunir.

» Les événements qui vous donnent la certitude

d'agir aujourd'hui avec toute l'énergie que vous auriez tant désiré employer depuis longtemps, n'ont pas produit *encore* pour moi le même résultat, mais le moment approche où je trouverai au moins toute liberté, lorsque sera brisée la chaîne qui m'attache trop étroitement au chemin de fer de Lyon.

» Quel que soit le sort de la reprise des chemins de fer par l'État, j'ai la conviction que le chemin de Paris à Marseille rentrera dans ses mains, et que toutefois je conserverai quant à l'affaire de Suez tous les avantages, je dirai presque tous les droits, que me donnait précédemment ma position dans les chemins de Paris à Marseille. C'est à ce titre seulement que j'ai cru jusqu'ici devoir prendre part aux affaires publiques.

» Vous le savez, dans toutes les révolutions, les ouvriers de la *première heure* sont impuissants et s'usent vite; toutefois, il est évident que dans la crise sociale actuelle, les hommes qui depuis longtemps se sont occupés des problèmes sociaux, dont l'apparition étonne ces ouvriers de la première heure, devront bientôt intervenir. Ce moment n'est pas arrivé, mais il approche. — P. ENFANTIN. »

Les travailleurs, les uns en blouse, les autres en habits de garde nationale ou de garde mobile, venaient de s'entr'égorger sans apercevoir le fil des intrigues infernales qui avaient amené cet horrible conflit. Le bénéfice de ce sang échut d'abord à la nuance modérée du parti républicain, mais la réaction conservatrice alla bientôt jusqu'à faire passer la prépotence dans l'assemblée nationale, à la ligue royaliste, dont les chefs avaient dénoncé le projet de rachat des chemins de fer comme un acte de spoliation. Ce projet, après quelques jours d'oubli, fut enfin retiré.

La rapidité de ce mouvement réactionnaire ne décourageait pas toutefois Enfantin, ni dans ses grandes vues industrielles, ni dans ses espérances politiques. Il prêta fortement son appui à Duveyrier pour la fondation d'un journal quotidien, *le Crédit*. Il aurait voulu que ses amis en fissent autant, mais il rencontra des objections à cause de l'affaire des annonces que la révolution avait fait échouer. Il écrivit à ce sujet à Arlès qui était fâcheusement impressionné à cet égard. « Je dirai à Amail, lui dit-il, de vous envoyer copie d'une lettre que Duveyrier lui a écrite, afin que vous sachiez un peu mieux, ou même tout à fait, *ce qu'il veut faire*. — Peut-être cela vous remettra-t-il le cœur. »

» Que diable allez-vous faire à Leipsig?

» J'aurais bien mieux aimé que vous allassiez voir avec M. Negrelli, à Milan, pour suivre avec lui la phase diplomatique de Suez. La médiation n'est que l'origine du congrès européen du XIXe siècle, c'est-à-dire la plus grande chose de l'époque. »

Voici la lettre de Duveyrier à Amail, annoncée par Enfantin à Arlès comme une œuvre, non pas individuelle, mais doctrinale :

« Paris, 5 septembre 1848.

» Mon cher Amail,

» Avant de m'expliquer sur la manière dont je conçois votre concours, j'ai besoin de vous dire un mot de l'œuvre elle-même, et de notre œuvre à tous, en général.

» Reprenons notre conversation.

» Je vous disais : nous avons la liberté de nous réunir, de nous associer, de rouvrir la maison de la rue Monsigny, la salle Taibont, Ménilmontant, d'envoyer des missionnaires dans les départements et à l'étranger; et nous ne le faisons pas, qu'est-ce que cela signifie ?

« Cela signifie que nous avons *une autre grande chose* à faire.

» Nous sommes arrivés à une époque aussi solennelle dans notre vie, et plus peut-être que celle où nous avons *enseigné* le *Règne de Dieu*. Nous avons aujourd'hui à le FONDER.

» Est-ce que les événements merveilleux qui viennent de s'accomplir ne nous ont pas apporté cette révélation?

» En 1830, nous étions les *enfants des livres*, nous avions accumulé dans notre vie antérieure beaucoup de science : nous venions d'enfanter une doctrine. Une révolution éclate, chasse une dynastie qu'une autre remplace. Le bras de Dieu ne balaie et ne rend libres que les *avenues de* L'OPINION. NOUS N'AVIONS QUE de la PROPAGANDE A FAIRE.

» En 1848, nous étions les *enfants du monde*, mêlés à ses intérêts depuis quinze ans, nous avions accumulé beaucoup d'expérience, nous aspirions à gouverner; une nouvelle révolution éclate. Le bras de Dieu fait encore place nette. Cette fois il balaie dynastie et trône, et rend libre les *avenues du* POUVOIR. Marrast lui-même (Marrast!) proclame que nulle doctrine, nul homme n'en est exclu.

» Je dis qu'il y a là un signe; que j'entends dans la bouche de Marrast une *autre voix*, une voix qui nous dit : « Vous règnerez! »

» A moins de ne nous compter pour rien dans les progrès du monde, à moins de penser que depuis quinze ans nous n'avons pas grandi, nous n'avons rien acquis, cette viduité des races royales nous concerne, notre jour est venu. Nous devons gouverner ; nous devons régner. Nous devons viser non plus à *enseigner* mais à FONDER le RÈGNE DE DIEU.

» Régnerons-nous personnellement? Je m'en inquiète peu, pourvu que notre *cœur* gouverne. Vous savez bien que NOUS, c'est non-seulement les amis *fidèles*, mais les amis *inconstants*, les amis *inconnus*, et même les amis *ennemis*.

» Mais par quels moyens prendre possession du gouvernement?

» Eh bien, brave, par les moyens connus, pratiqués, par les moyens que tout le monde emploie, par les relations, par les places, par l'élection, par les journaux.

» J'entends donc en rédigeant un journal faire une œuvre de gouvernement. Je veux gouverner, je veux être un des instruments qui vont commencer, *avec conscience de la portée de leur œuvre*, à édifier le règne de Dieu. C'est dire que j'entends que le maître gouverne par moi ou par nous, comme il vous plaira.

» Voyez, sans bruit, sans effort, comme il a préparé son entrée dans la carrière. Il a un pied en Algérie, il a un pied sur le canal de Suez, il touche d'une main aux finances, de l'autre aux travaux publics. Et il se libère du chemin de Lyon, il brise sa chaîne. Tout cela ne vous dit-il rien?

» Quand nous vivions dans la contemplation de l'éternité, nous disions : demain nous serons aux Tuileries, et les Tuileries étaient occupées par quelqu'un qui n'avait guère envie de nous céder la place. Aujourd'hui la place est vide; il faut un an, deux ans, trois ans peut-être, pour y arriver. Mais nous vivons au jour le jour, et il semble que nous n'y devions jamais entrer.

» Cette modestie serait de l'aveuglement comme notre sublime outrecuidance était une illusion.

» Moi je vous dis que nous entrerons aux Tuileries si nous y aidons. Que nous verrons s'ouvrir les bras qui nous repoussaient, que nous obligerons à entonner le saint cantique d'alliance les bouches qui nous ont bafoués et maudits, que nous organiserons la fraternité, que nous détruirons la misère, que nous ordonnerons les fêtes du travail; oui, tout cela aura lieu si nous y aidons. Et c'est parce que je veux y aider en ce qui me concerne, que je veux fonder un journal, qui sera plus qu'un journal s'il a de l'argent.

» Me voilà arrivé au concours dont il est question, cher frère quêteur.

» Mon opinion est que si nous nous y mettons

franchement nous pourrons réunir un capital respectable qui nous permettra de continuer du même coup le journal avec son cercle d'intimes et ses voyageurs. C'est la rue Monsigny et ses missionnaires transformés. — DUVEYRIER. »

Enfantin donna à l'œuvre de Duveyrier l'appui de son influence, de sa bourse et de sa plume. Tant que vécut *le Crédit*, il le soutint comme l'organe de la pensée saint-simonienne appliquée à la situation exceptionnelle créée par la révolution de février, et il inséra dans cette feuille de nombreux et très-remarquables articles, sans cesser pour cela de poursuivre son active correspondance sur les matières, soit religieuses, soit industrielles. A la fin d'août 1848, il écrivit à M. Negrelli, à Vienne :

« Cher collègue, depuis deux mois notre ami Talabot est sur son lit, il a éprouvé l'accident nommé *coup de fouet*, c'est je crois la rupture du tendon d'Achille. Sans cet accident, il serait venu à Paris pour ses affaires du chemin de Marseille et pour s'entendre avec moi sur les nouveaux plans de Suez. Il espère bien venir pour les premiers jours de septembre. — Je lui envoie copie de votre bonne lettre du 15 août. — Je vois toujours avec un bien grand plaisir votre parfait accord sur la manière dont nous rattachons, vous et moi, l'affaire de Suez au mouvement général de l'Europe. Laissez-moi donc vous dire à ce sujet tout ce qui m'est passé par la tête depuis quelque temps, mais surtout depuis que vous m'apprenez que vous partez pour Milan.

» Il est impossible que les grands événements qui remuent l'Europe et la modifient si profondément, ne modifient pas aussi la manière dont nous avions conçu et constitué primitivement notre affaire de Suez. Elle portait déjà le cachet *des trois puissances* par la formation des trois groupes, et pourtant cette affaire avait le caractère d'une entreprise *particulière* constituée au profit d'*intérêts privés ;* c'était une spéculation, et non pas une œuvre politique.

» Vous pouvez même vous rappeler que je craignais à l'origine de mêler trop la politique à notre affaire, pensant que le moment n'était pas convenable et que l'intervention des diplomates de l'une ou l'autre puissance pourrait même compromettre notre affaire.

» Aujourd'hui, je crois au contraire le moment venu.

» A l'instant où la France et l'Angleterre s'unissent à l'Autriche pour résoudre la question de paix européenne, vous vous trouvez vous-même chargé de réorganiser les travaux publics sur le terrain actuel de la guerre et des négociations. N'est-ce pas une indication providentielle de la marche que nous devons suivre aujourd'hui? Ne devons-nous pas, au lieu de porter nos études dans les bureaux des banquiers, les mettre sur la table des diplomates? Je le crois fermement. J'ai la conviction que les banquiers sont impuissants aujourd'hui pour exécuter, pour patroner une œuvre pareille, et, d'un autre côté, je crois comme vous que les diplomates peuvent y voir un moyen puissant *de faciliter la solution de notre réorganisation sociale*. J'écris en ce sens à Talabot en lui envoyant copie de votre lettre et de ma réponse, et je le presse de vous envoyer directement ce qu'il aura pu préparer de matériaux pour la solution nécessitée par le dernier nivellement.

» Mais en supposant que ces matériaux vous manquent, il me semble qu'il y aurait encore utilité à ce que vous saisissiez fortement les diplomates de l'idée, en leur citant les études déjà faites, en leur faisant connaître les bases de notre société, en réclamant leur patronage, en provoquant leur cordiale entente sur ce sujet, en cherchant à faire de ce travail commun des grandes puissances une condition du traité de paix qu'elles se proposent de conclure.

» L'occasion me paraît superbe et digne de vous, cher collègue; c'est évidemment à l'Autriche qu'appartient en ce moment le rôle initiateur pour une pareille œuvre. Son intérêt l'y pousse autant que le sentiment de la gloire qui serait attachée à ce premier pas dans la voie d'une diplomatie pacifique d'intérêt universel. Comme vous le dites de l'Europe entière, l'Autriche, surtout, a besoin de jeter l'excédant de ses masses ouvrières sur l'Égypte, comme la France sur l'Algérie, et il faudra bien que l'Angleterre, dans son rôle de médiateur, donne la main à cette nécessité de pacification européenne. Si la diplomatie française et autrichienne perd cette occasion d'associer l'Angleterre à cette expansion de l'Europe vers les rives méridionales, la paix du monde sera plus longtemps retardée, et le traité qu'on fera pour la Lombardie ne sera qu'un armistice de quelques mois.

» Offrez aux diplomates le fruit de nos travaux et le concours des ingénieurs qui ont le plus de titres pour mener l'Europe à la conquête pacifique de l'Orient. Faites que nos trois puissances développent le germe que nous avons conçu et couvé; demandez-leur de nous charger officiellement d'accomplir, dans l'intérêt de tous, le beau rêve que nous avons formé, et de nous y laisser pour récompense notre part de gloire. En termes d'affaires, faisons cession de nos études aux puissances et obtenons d'elles des moyens de les *réaliser* ; en termes diplomatiques, obtenez d'être chargé par votre gouvernement de *traiter* avec les gouvernements de France et d'Angleterre pour l'ouverture du canal des deux mers à frais communs, et sous la direction des ingénieurs fondateurs. — P. ENFANTIN. »

Les préoccupations d'Enfantin, au sujet de la grande œuvre dont il avait donné le signal et qu'il n'avait pas cessé de poursuivre depuis quinze ans, ne l'empêchaient pas de porter aussi son attention sur l'autre partie de l'Afrique qu'il avait visitée aussi et explorée, l'Algérie. Il écrivait le 21 octobre à Arlès :

« Cher ami, Barrault part demain, en qualité de simple colon, avec un convoi de huit cents ou mille personnes. Il va dans la province d'Alger, près de Blida. Il a pensé que c'était la seule forme digne de lui pour entrer en Algérie; il a raison, Warnier, j'en suis sûr, sera d'un même avis.

» Quand il m'a annoncé sa résolution, j'en ai été profondément touché; j'ai eu une seconde d'hésitation et une larme dans les yeux, mais j'ai vite senti et compris ce solide courage.

» C'est bien.

» Il vous écrira de la route pour vous annoncer le jour d'arrivée à Lyon.

» Comme il me disait tout à l'heure, ce n'est plus le départ pour l'Orient, il n'y a plus d'*esbrouffe* à faire, c'est le fait et non l'idée, la propagation individuelle de l'acte et non la prédication collective de la parole. . . . .

» Je lui donne ce dont il a besoin pour son voyage, et je lui ai dit que je m'entendrais avec Warnier pour qu'il eût toujours à disposition, là-bas, le *nerf* indispensable à la guerre qu'il va faire, je veux dire l'argent, qui est un complément obligé des qualités par lesquelles il prendra certainement autorité sur sa troupe et influence pour la fondation de son village modèle.

» Barrault vous expliquera comment il comprend l'œuvre qu'il va entreprendre. A mes yeux elle est l'expression pratique de ce qu'il y avait au fond de ma tentative avortée de commission algérienne.

» Évidemment c'était à Warnier, Carette, Barrault, Jourdan, et non à moi, que devait revenir l'œuvre pratique, continuation de notre journal l'Algérie.

» Barrault pense que j'y reparaîtrai; je ne dis pas non, quoique je sois plus porté à croire que ce sera lui qui reparaîtra en France après œuvre faite.

» Holstein me dit que vous êtes *stupéfait* de l'effervescence des esprits en Allemagne, je pense que cela veut dire que, comme moi, vous en êtes émerveillé; il y a déjà plusieurs jours que je vous ai communiqué une lettre sur ce sujet, mais je n'ai pas le temps de traiter cela comme je le voudrais.

» P. Enfantin. »

Enfantin prit son temps pour faire sa lettre sur l'Allemagne, mais elle suivit de près toutefois celle du 21 octobre à Arlès, et ce fut à un Allemand, Dufour de Leipzig, qu'il l'adressa :

« Paris, 30 octobre 1848.

» Mon cher Dufour, M. Charles Didier, qui vous remettra cette lettre, nous connaît trop bien, Arlès, Duveyrier et moi, et il est assez connu en Allemagne pour n'avoir pas besoin de lettre d'introduction auprès de vous. Je profite donc seulement de son départ pour vous donner signe de vie, moi qui suis resté si longtemps sans vous dire un seul mot. J'écrivais ces jours-ci à Arlès que si j'avais vécu en 1688, j'aurais voulu être en Angleterre; en 1789 en France, et qu'aujourd'hui, quoique demeurant à Paris, je vis réellement plus en Allemagne qu'en France.

» L'Allemagne reprend sa place de tête de colonne qu'elle avait au XVIe siècle, lorsque la *ré-*

forme du monde chrétien fut décrétée par Dieu. Elle a commencé la réforme *religieuse*, elle vient achever la réforme *politique*, et peut-être aussi poser les premières bases de la réforme sociale. Berlin, Vienne et Francfort sont à mes yeux les trois points brillants du globe en ce moment; non pas que je croie au rêve d'unité restreinte que l'Allemagne tente de réaliser, mais parce que je vois le signe d'une unité plus grande, l'unité européenne.

» Lorsque l'Allemagne commençait cette réforme du monde par Luther, au même temps, au centre du monde d'alors, au pied du mont Blanc, se concentrait une petite société, spécimen et miniature de ce que deviendrait l'Europe entière trois siècles plus tard, la Suisse.

» Un siècle après, lorsque l'Angleterre continuait l'œuvre de Luther, elle prépara, non plus au pied du mont Blanc, centre du vieux monde, mais au milieu de ce monde (né avec Luther), en Amérique, un spécimen plus grandiose de la société régénérée par l'esprit d'indépendance.

» Un siècle encore après la révolution d'Angleterre, les deux républiques de l'ancien et du nouveau monde vinrent visiter la France, afin que celle-ci à son tour promenât le drapeau républicain dans l'Europe entière. Francklin et Rousseau, l'imprimeur et l'horloger, le bonhomme Richard et le Vicaire savoyard, l'Américain et le Génevois aiguillonnèrent les deux grands gentilshommes de l'épée et de la plume, le marquis de Lafayette et M. de Voltaire, et alors Paris fut le centre des deux mondes.

» A ce moment un nouveau César veut tenter de ressaisir le monde ; ce second Charlemagne prétend rétablir le culte et il emprisonne le pape ; ce second Charles-Quint prétend refonder l'Empire, et il bat l'Empereur, lui prend sa fille, et place son frère sur le trône des Espagnes : et cet empereur de hasard s'en va mourir à Sainte-Hélène, confessant à Las Cases qu'il était né républicain, que les circonstances l'avaient fait empereur, et prophétisant aux rois et aux peuples de l'Europe qu'ils seraient bientôt ou *Républicains* ou *Cosaques*.

» Il y a du vrai dans les deux mots, car il s'agit surtout de la fin des monarchies et de l'affranchissement des Slaves : il s'agit non plus de la confédération des *cantons* suisses, de la confédération des *États* américains, mais de l'association des peuples, des nations, des races de l'Europe. Il s'agit de donner à chacun d'eux, comme à chaque citoyen dans ces républiques, le droit personnel, et d'affranchir les petits de la domination des grands, afin de rompre cette vieille et étroite hiérarchie du passé et de préparer la vaste association de l'avenir.

» Un jour, mais ceci n'est peut-être que pour le siècle prochain, Vienne jouera par rapport à Pétersbourg, Constantinople et Paris, le rôle que joue Francfort entre Berlin, Vienne et Paris. Aujourd'hui Francfort, qui jadis sacrait les empereurs, dissout l'empire en s'efforçant inutilement d'en réunir les membres; Francfort rêve et rêvera l'unité allemande et divisera réellement ce qu'il prétend unir, il divisera, mais pour que chacun de ces éléments divers se prépare à entrer dans une association plus grande.

» De même, un jour, Vienne prétendra unir les chrétiens d'Occident et ceux d'Orient avec l'islamisme lui-même, et Vienne décomposera les éléments qui constituent ces trois grandes formes de la trinité européenne, afin qu'ils puissent s'associer dans une unité qui embrassera l'humanité tout entière. Mais laissons cela pour les siècles futurs; reprenons les choses telles qu'elles sont, telles que les siècles précédents les ont engendrées.

» L'Allemagne reprend donc sa place de tête de colonne, maintenant que le monde est suffisamment préparé par trois siècles de prédications et d'actes *réformistes* à se reconstituer sur de nouvelles bases politiques, sociales et religieuses. L'Allemagne reprend cette place d'avant-garde, non plus au même titre d'apostolat *théorique*, mais avec toute l'énergie *pratique* que les grands théoriciens savent trouver en eux quand le jour de réaliser leurs idées est arrivé.

» Il me semble que cette petite société en miniature, fille aînée de la Réforme, il me semble que ce petit peuple, qui parle trois langues, va aussi reprendre sous une nouvelle forme le grand rôle qu'il joua lors des *conciles* et qu'il se prépare à donner l'hospitalité aux *congrès* des nations chrétiennes réformant leur politique. Je crois que la Suisse est le lieu des médiations, transactions, *conciliations que la justice de paix du monde* doit opérer au XIXe siècle. Je crois qu'il est dans l'intérêt de tous les peuples de former au plutôt ce tribunal d'arbitres suprêmes entre les divers membres de la famille européenne.

» Au moment où l'empire se démembre, où l'Italie prétend à la vie politique, où la Hongrie, la Bohême, la Pologne brisent leurs chaînes, est-ce que l'empereur, est-ce que l'Allemagne même tout entière, pourraient se croire seuls juges de l'utilité, de l'opportunité, et des conditions de cet affranchissement ? Voudraient-ils donc faire de Milan et de Vienne ce que le roi de Naples a fait de Messine ?

» D'un autre côté, la médiation de deux puissances seulement, la France et l'Angleterre, ainsi qu'elle a lieu en ce moment dans les affaires de Naples avec la Sicile et de l'Autriche avec l'Italie, est un anachronisme, au moins de la part de la France républicaine qui agit là comme une puissance monarchique, royale, comme une *grande* puissance, comme si c'était à elle aujourd'hui à prétendre que parmi les nations elle est princesse, elle est reine ; elle qui devrait se montrer et se dire citoyenne.

» Dans cet anachronisme, je vois un grand danger pour la France elle-même, mais aussi pour toute l'Europe ; à cette médiation de deux prétendus grands peuples, il faut faire succéder au plus vite la délibération de l'*assemblée* des peuples, grands et petits. (Qui donc sait aujourd'hui, peuple ou homme, s'il est grand ou petit ?) Il faut que cette *assemblée constituante* européenne dispose seule des modifications que doit subir la carte politique de l'Europe ; il faut que la doctrine du *libre examen*, qui a engendré pour l'individu le droit du *suffrage universel*, l'engendre aussi pour les peuples, et que chacun d'eux apporte son vote à la constitution nouvelle de l'Europe et du monde.

» Je crains aussi que l'Allemagne n'imite l'erreur de la France et qu'elle ne soit pas encore mûre pour la politique de la *fraternité* des peuples, elle qui veut pour eux la *liberté*. Je crains que vos plus ardents *libéraux* ne soient un peu despotes, et que la diète de Francfort ne s'oppose très-vivement à ce qu'il y ait un jour une diète italienne, une diète hongroise, une diète slave, ou du moins qu'elle ne prétende pas subalterniser toutes ces *petites* puissances à la *suprême* puissance de la diète unique allemande. Alors, qu'arrivera-t-il? Comme cette prétention est contre la nature des choses, dans ce siècle de liberté; comme personne ne peut s'imposer souverain, pas même l'empereur; comme il n'y a pas moyen de rétablir le passé, on fera vainement des efforts inouïs qui provoqueront des réactions plus violentes encore; ainsi l'empereur de Russie viendra porter secours à l'empereur d'Autriche pour soutenir cette suprématie autrichienne ou même allemande, et alors la France sera forcée de marcher de son côté en Italie, de comploter en Pologne, en Grèce, en Turquie, enfin de reprendre cette politique niaise et barbare du passé, qui a pour principe et pour but l'hostilité entre les peuples et non leur association. — P. Enfantin. »

La France républicaine allait, en effet, être bientôt entraînée à marcher en Italie, non pour y étendre la révolution, mais pour y renverser le berceau d'une république. Elle était naturellement en pleine réaction conservatrice depuis les fatales journées de juin, et ce mouvement en arrière, qui se passait à la surface de la société, suffisait à la bourgeoisie libérale, orléaniste ou légitimiste, revenue vite de ses frayeurs, pour considérer le passé, qu'on avait cru mort, comme très-vivace encore et assez fort pour barrer longtemps, sinon toujours, le passage à l'avenir. Un ancien député conservateur sous le gouvernement de juillet, avait écrit dans ce sens à Enfantin, dont il était le vieil ami. Enfantin lui répondit, à la date du 3 novembre 1848, veille de la fête nationale pour l'inauguration de la constitution républicaine :

« Mon cher Émile, Paul m'a remis ta lettre du 28 octobre, nous avons dîné ensemble, et aujourd'hui il doit toucher à la compagnie de Strasbourg à Bâle tes quarante-cinq actions.

» Je crois bien comme toi que le vieux monde n'est pas mort, les mondes, même les vieux, ne meurent pas comme cela ; le paganisme et même la féodalité l'ont bien fait voir. Mais vraiment, est-ce que tu ne crois pas qu'il y a aujourd'hui, à côté de ce monde vieillard, un monde enfant. Je conçois que tu aimes mieux vivre avec le vieillard qu'avec l'enfant, je m'y sens assez porté moi-même, c'est de notre âge; seulement, je préfère vivre entre deux, c'est le juste milieu entre la naissance et la mort, et je voudrais bien que tu préférasses aussi cette place. Si tu es frappé de la puissance vivace du vieux monde, est-ce que tu n'es pas aussi frappé de la vitalité progressive d'une quantité d'idées nouvelles qui étaient en germe seulement, et comme des rêves, des folies, dans la tête de quelques rares et excentriques penseurs, il y a vingt ans; idées qui sont arrivées maintenant dans le domaine de la politique pratique, au moins comme opposition menaçante, comme danger imminent, et remuent non-seulement la France, mais l'Italie et l'Allemagne.

» Le *socialisme*, puisqu'il faut l'appeler par son nom, est certainement quelque chose; il est bien aussi grand garçon que l'était le libéralisme de Lainé et Royer-Collard sous l'Empire; quelques-uns le croient aussi adolescent que l'était le libéralisme sous la Restauration, et le républicanisme sous Louis-Philippe.

» Napoléon, Charles X et Louis-Philippe, pour n'avoir vécu que dans leur vieux monde et avoir méconnu le jeune monde, leur contemporain, pour avoir cru trop vivace leur société, se sont tous trois fait renverser par ces bambins.

» De toi surtout, je suis étonné de recevoir ce certificat de longue vie du vieux monde, toi qui, plus que d'autres, et des premiers, as vu naître ce petit bonhomme *Socialisme*, qui prend mille formes aujourd'hui, qui parle toutes les langues, qui bavarde à Paris, à Francfort, Berlin, Vienne, Milan et Rome, et qui, en 1825, te comptait parmi ses très-rares lecteurs. Plus que d'autres, tu dois pouvoir te rendre compte du développement de ce monsieur qui a surpris, il est vrai, tous ceux qui avaient cru que c'était un enfant mort-né. M. Guizot, à ce qu'on prétend, dit : « Que voulez-vous ? » quand on combat on ne fait pas attention aux » troupes qui minent sous vos pieds. » Il a tort, puisque dans l'art militaire il y a les contre-mineurs; mais il exprime ce qui en vérité lui est arrivé, il voyait bien la *classe moyenne*, le vieux monde, mais il n'apercevait pas que la *classe inférieure* marchait plus vite que la moyenne vers un monde nouveau.

» La classe moyenne avait jadis enfoncé la *haute*

classe, qui était le vieux monde en 1788; il ne voyait pas que la *basse classe* était tout près d'en faire autant à la *moyenne*, et il trouvait que celle-ci était encore très-vivace, et que son règne durerait plus que lui. Aujourd'hui l'avertissement ne paraît pas avoir été suffisant pour toi; je le regrette, parce que je suis certain que cette méconnaissance du nouveau-né rend plus rudes les derniers jours du vieillard. Je suis sur ce point de l'avis du vice-président Corbon, je crains Thiers plus que Pyat, parce que, pour qui connaît cette *basse classe*, il est évident que l'obstacle l'irrite bien plus que l'aiguillon.

» Adieu, cher ami, je te demande de te placer avec moi entre deux, au *juste milieu*, entre les hommes d'hier et ceux de demain, entre les vieillards et les enfants, les blancs et les rouges, sur le flanc du coteau, entre la montagne et le précipice. — P. ENFANTIN. »

L'ami d'Allemagne à qui Enfantin avait adressé la lettre remarquable que nous avons reproduite en entier, et qui portait la date du 30 octobre; M. Dufour, de Leipzig, avait répondu à cette lettre, sous une inspiration libérale, conservatrice, comme celle du vieux camarade qui avait provoqué la protestation d'Enfantin contre le *certificat de longue vie* donné trop facilement au vieux monde; mais le libéral Allemand était moins rassuré sur la vitalité du vieux monde, et plus effrayé que satisfait de l'élan général de l'Europe. Enfantin lui envoya ces quelques mots en réplique :

A M. Dufour, à Leipzig

« 20 novembre 1848.

» Mon cher ami, le courrier prochain vous portera réponse détaillée à votre lettre du 17. Je veux pourtant aujourd'hui vous dire quelques mots sur l'esprit général de votre épître désolée. — Oui, depuis soixante années l'Europe est ébranlée sur ses vieux fondements; mais ne fait-elle pas aussi d'immenses efforts pour se rasseoir sur de nouvelles bases? Pourquoi donc croyez-vous si facilement que les démolisseurs feront plus que leur tâche, et qu'ils empêcheront les constructeurs d'élever l'édifice nouveau qui doit abriter les sociétés futures? Pourquoi prévoir le retour vers la barbarie, et non point la marche progressive de la civilisation, lorsque vous savez, aussi bien que moi, combien, au milieu de toutes ces destructions du passé, il y a de germes d'avenir? — Les monarchies parlementaires vous sourient plus que les républiques constituantes; mais ces monarchies elles-mêmes n'ont été conquises que par des révolutions contre des monarchies absolues, et vous préférez certainement la situation de l'Allemagne, l'année dernière, à ce qu'elle était au XVIIIe siècle. Je suis du même avis pour la France. J'espère que dans beaucoup moins de temps, vous et moi, nous pourrons également préférer ce qui sera établi en Allemagne et en France à la monarchie de Louis-Philippe et à celle de l'empereur d'Autriche ou du roi de Prusse ; il est vrai que ceci dépend d'une seule chose, c'est que les hommes de cœur, comme vous, ne se laisseront pas aller au découragement, c'est que les constructeurs ne se laisseront ni effrayer par les démolisseurs, ni paralyser par les lamentations ou les résistances des conservateurs-bornes. — Depuis que l'Europe est chrétienne, elle marche sans interruption vers la réalisation politique de la fraternité entre les peuples, entre les hommes. — A quel degré sommes-nous de cette marche ascendante, vers la civilisation voulue de Dieu ? Tel sera le sujet de ma réponse à votre lettre. — P. ENFANTIN. »

Tandis qu'Enfantin préparait cette réponse, la fraternité entre les hommes était loin de s'établir dans le sein de la république française. L'élection du président avait surexcité les passions et ravivé toutes les rivalités et toutes les haines de parti.

La lutte n'était sérieuse qu'entre le général Cavaignac et le prince Louis-Napoléon Bonaparte ; et il était facile de prévoir que le suffrage universel ne préférerait pas le fils de l'ancien conventionnel, quoique investi de la puissance exécutive, au neveu de l'empereur Napoléon. L'ami le plus intime, le conseil, le ministre, l'inspirateur du général Cavaignac, le général Lamoricière, pour amoindrir les chances de succès de la candidature qu'il redoutait, ne craignit pas de déclarer, à la séance du 24 novembre, que l'élévation d'un prétendant impérial à la présidence de la république équivaudrait au rétablissement de l'empire. — « Et l'empire ! ajouta-t-il, ce serait le renversement de la constitution, ce serait une révolution. Cette révolution amènerait l'émeute, et *l'émeute contre l'empire !* s'écria-t-il en terminant, *ne comptez pas sur nous pour la réprimer.* » (*Moniteur* du 25 novembre 1848.)

Cette menace d'abstention répressive, en cas d'émeute contre l'élu de la nation, de la part des vainqueurs de l'insurrection sanglante de juin, encore en possession de l'autorité et de la force publiques, ne pouvait manquer de produire une vive impression. Il ne fallait que quelques cris impérialistes, poussés par des agents provocateurs, pour donner prétexte à l'émeute qu'on avait promis d'avance solennellement de ne pas contrarier, et qui pouvait compter ainsi qu'on la laisserait annuler violemment, sans y mettre obstacle, le vote paisible du peuple français.

Cette situation périlleuse, bien comprise par Enfantin, le détermina à prendre la plume, et il écrivit quelques pages à l'adresse du conseil des ministres, et qui furent simplement communiquées à divers membres de l'Assemblée nationale pour les disposer à proposer les mesures que pouvait nécessiter l'approche d'un danger manifeste. Cette note était ainsi conçue :

« Le jour où il a été décidé que le choix du président de la république serait confié au suffrage universel, la position officielle d'un des candidats a soulevé la question très-grave de savoir si, jusqu'à l'élection du président, ce candidat pouvait convenablement continuer d'exercer le pouvoir provisoire que l'Assemblée nationale avait mis en ses mains.

» Cette question a reçu de l'Assemblée et du gouvernement une solution généralement approuvée ; elle se représente aujourd'hui dans des circonstances différentes qui nous paraissent exiger une solution contraire.

» Aussitôt que les votes auront été déposés dans l'urne électorale, c'est-à-dire à partir de mardi matin, il n'y a plus qu'un grand intérêt public auquel tout doit être subordonné : c'est que la liberté des délibérations de l'Assemblée nationale soit assurée. . . . .

» Deux influences peuvent être considérées comme redoutables à cette liberté.

» D'une part, on peut craindre que l'un des candidats, étant chef du pouvoir exécutif, ne cherche à exercer une sorte de pression directe ou indirecte sur l'Assemblée nationale.

» D'une autre part, tout désordre dans la capitale, à propos de l'élection, deviendrait également une oppression pour l'Assemblée.

» Quant à la première influence, nous comprenons que le soupçon, appliqué à l'action du gouvernement sur les populations, ait été méprisé *avant le vote*, c'est-à-dire lorsqu'il aurait fallu exercer cette influence sur la France entière. Mais aujourd'hui que toute l'action électorale va être concentrée dans l'Assemblée nationale et dans Paris, le gouvernement, quelque fort qu'il soit de la pureté de ses intentions, doit tenir un plus grand compte des susceptibilités, même exagérées, de la liberté

» D'ailleurs, soit que l'on envisage le résultat de l'élection comme favorable ou défavorable à M. le général Cavaignac, n'y a-t-il pas pour lui un intérêt de la plus haute convenance à ce que la proclamation de l'Assemblée nationale le trouve hors du pouvoir? S'il est élu, son autorité aura une base plus solide, puisqu'il ne pourra pas être soupçonné d'avoir abusé de sa position officielle pour faire pencher la délibération en sa faveur. S'il ne doit pas être élu, il y a tout avantage pour sa dignité à ce que l'investiture du pouvoir s'opère par d'autres mains que les siennes.

» Quant à la seconde influence qui pourrait nuire à la liberté des délibérations de l'Assemblée, le premier devoir du gouvernement est de maintenir l'ordre dans la capitale, afin qu'il soit impossible aux agitations ou aux violences de quelques fractions du peuple de Paris, de l'emporter sur le suffrage de la France entière.

» Pour atteindre ce but, la condition indispensable, c'est *l'unité du commandement de toutes les forces publiques* pendant la durée des opérations de l'Assemblée.

» Il faut donc, de toute nécessité, que la plus grande harmonie existe entre le gouvernement et les chefs des corps destinés à maintenir l'ordre.

» Or, il est de notoriété que le commandant en chef de la garde nationale ne suit pas la même ligne politique que le gouvernement. Ce désaccord, très-fâcheux jusqu'ici, aurait aujourd'hui les résultats les plus funestes ; il doit cesser.

» En résumé, quel que soit le président de la République, il importe que son élévation ne puisse être attribuée ni à un mouvement anarchique d'une partie de la population parisienne, ni à l'influence despotique exercée par le chef du pouvoir exécutif.

» Nous soumettons, en conséquence, au conseil des ministres, les mesures suivantes qui nous paraissent dignes d'un mûr examen :

» 1° Dépôt sur le bureau de l'Assemblée, par M. le général Cavaignac, des pouvoirs qui lui ont été confiés provisoirement.

» 2° Recomposition du cabinet actuel, sous la présidence intérimaire de M. Dupont de l'Eure.

» Démission demandée au général Changarnier, et concentration de toutes les forces militaires et civiles dans les mains du ministre de la guerre, jusqu'à l'investiture du président de la République. »

Aucune mesure de ce genre ne fut prise, ni proposée. Mais la manifestation impérialiste qui aurait pu provoquer l'émeute, fit défaut; le ministre de la guerre n'eut donc pas l'occasion de réaliser sa résolution de rester, les bras croisés, devant le désordre, et le général Cavaignac déposa loyalement le pouvoir exécutif entre les mains du concurrent que le peuple lui avait préféré.

XLV

(1849)

Depuis le départ de Barrault et de Warnier pour l'Algérie, Enfantin avait échangé avec eux diverses lettres touchant l'œuvre qu'ils étaient allés y entreprendre, et à laquelle ils auraient désiré que le maître s'attachât plus spécialement et plus activement. « Quand je suis rentré dans le monde par les chemins de fer, leur répondit Enfantin, quand j'y voulais rentrer par une énorme association de capitaux et de capitalistes pour coloniser l'Algérie, j'ai présenté mes projets à Rothschild, aux Talabot, sans la moindre prétention de faire par là œuvre pratique d'apostolat et de réforme, mais uniquement pour rentrer avec le droit de parler et d'agir au même titre que tous, sans considérer des affaires comme des spécimens et des modèles de mes idées d'organisation sociale, ou plutôt pour montrer que ces idées n'étaient pas sorties d'une tête folle, mais d'une tête aussi sage que celle des Rothschild et des Talabot. Évidemment, si j'avais été membre du conseil des ponts et chaussées, j'aurais pratiqué autrement, j'aurais cherché à organiser le corps des ponts et chaussées de manière à ce que les chemins de fer fussent mieux conçus, mieux exécutés, et même mieux exploités. »

Enfantin entendait par là indiquer à ses amis : 1° ce qu'il ne pouvait pas faire lui-même en Algérie; 2° ce qui convenait mieux à ceux qui, comme Warnier, appartenaient à l'administration de cette colonie. Barrault ne fut pas satisfait de la manière dont son ancien maître envisageait l'œuvre qu'il était allé entreprendre en Afrique, et il s'en expliqua, avec Arlès, dans une lettre qui amena, de la part d'Enfantin, la réponse suivante :

« Paris, 2 janvier 1849.

» Cher ami, je viens d'ouvrir ta lettre à Arlès, qui n'est pas encore ici. Je me suis bien mal expliqué, puisque tu crois que je condamne purement et simplement ton œuvre en Algérie, quelle qu'elle soit; au contraire, je l'approuve d'avance, j'y ai foi. Seulement, je suis étonné que tu condamnes toi-même ma prétention à *faire faire* par d'autres, au moment où je me refuse à te faire faire à toi-même une œuvre déterminée.

» Pour aller en Algérie faire quelque chose, il faudrait d'abord que je fisse faire un capital par d'autres que moi, car je n'en ai pas; il faudrait ensuite que je fisse faire au général Charron et aux autres autorités du pays, avec lesquels j'aurais des rapports obligés pour mon œuvre, les choses favorables à mon œuvre. Y réussirais-je mieux qu'avec Louis-Philippe, Cavaignac et les intermédiaires, princes et ministres, que j'ai touchés depuis quinze ans? C'est douteux. Mais ce qui n'est pas douteux pour moi, c'est que si je voulais faire aujourd'hui quelque chose en Algérie, je m'adresserais d'abord plutôt à Dieu qu'à ses saints, plutôt au gouvernement de Paris qu'à celui d'Alger, plutôt aussi à M. de Rothschild qu'à MM. Lichnen ou Vialard.

» Ce qui m'empêche de songer à l'Algérie pour ce que j'ai à faire dans ce moment, c'est que je sais que M. de Rothschild et M. B. ne mordraient en rien, pour le moment, dans pareille entreprise. Tu as vu que j'avais essayé par Lamoricière [1], je ne

1. Le 15 juillet 1848, sous la quasi-dictature du général Cavaignac, Enfantin rencontra dans une réunion le général La-

pouvais pas sonder plus avantageusement le terrain, j'ai trouvé le vide.

» Certes tu ne trouverais pas que, pour moi, faire cela serait faire une œuvre quelconque; creuser un sillon, est-ce faire? tandis que faire le *crédit*, veiller à la République, combiner la préparation de Suez, conserver une main dans les chemins de fer, c'est ne rien faire. — N'est-ce pas toi, au contraire, qui aurais un peu trop le désir de me faire faire autre chose que ce que je fais, et crois devoir faire?

moricière, ministre de la guerre, rendu tout-puissant par l'état de siége. Le lendemain il lui écrivit le billet suivant :

« Paris, 16 juillet.

» Mon cher général, hier au soir, au conseil, je ne pouvais me permettre de vous serrer la main, mais vous m'avez mis dans l'obligation de vous demander une audience pour vous entretenir du sujet qui occupait hier le conseil, et peut-être aussi, dans le cas où vous le jugeriez convenable, pour parler d'autres sujets encore plus graves.

» Voici vingt années passées sur les tombes de Bigot et de Retouret, Dieu a merveilleusement, depuis lors, répandu la vie qui était en eux par le monde. Je crois que vous devez en être frappé comme moi, et qu'il est bien que nous nous le disions l'un à l'autre, en souvenir du passé, et pour l'espoir de l'avenir.

» P. Enfantin. »

Le sujet qui avait occupé le conseil de la veille était sans doute le projet de loi sur le rachat des chemins de fer, dont la discussion avait été interrompue le 23 juin; nous avons des raisons de croire que le billet d'Enfantin resta sans effet, en même temps que le projet de loi dont Enfantin avait pris l'initiative était retiré.

» Tu as peur que je ne me compromette avec les gens qui seront, dit-tu, broyés par le pied du peuple. Tu sais que ces prophéties de broiement sont peu de mon goût, surtout de la part d'un homme qui rêve à la gloire du peuple et non pas à sa honte. Mais tu peux être certain que si, malgré nos efforts, le peuple est encore assez barbare pour broyer, je ne me gênerai pas pour me compromettre encore davantage à ses yeux, et pour lui dire en face qu'il est un barbare.

» Je confesserai jusqu'au dernier jour ma foi, heureux de voir ceux de mes enfants que leur nature porte à prendre l'une ou l'autre moitié du *vrai peuple*, c'est-à-dire, les bourgeois d'une part, ou les ouvriers de l'autre, les riches ou les pauvres, comme objet particulier d'affection, faire leurs efforts, chacun de leur côté, pour empêcher que ces deux moitiés de l'humanité se broient.

» Tu te trompes, cher ami, en te servant, à propos de moi, de formes d'excitation qui ne seraient bonnes, tout au plus, qu'en y ajoutant quelque chose de net sur ce que je pourrais faire en Algérie. L'Algérie, dis-tu, est le champ paisible du fait : de quel fait? Est-ce l'organisation du travail agricole? Cela est vrai; mais la condition que j'ai toujours signalée pour toute organisation, c'est qu'elle se fasse par en haut. Les associations agricoles de l'Algérie ne seraient pas plus de l'organisation que les associations d'ouvriers qui se forment à Paris ne sont de l'organisation industrielle, ce sont des moyens de désorganiser davantage l'ancienne constitution agricole ou industrielle, et de démontrer encore mieux la nécessité de réorganiser tout cela. Si tu entends parler des villages coloniaux, c'est autre chose, parce que là c'est le gouvernement qui s'organise lui-même en organisant les autres, et qu'il n'y a d'organisation réelle qu'à ce prix ; toute tentative réorganisatrice isolée est ce qu'était Ménilmontant, une excentricité, une société en dehors de la société, un apostolat, et malgré ce que tu dis de mon peu de goût pour me modifier, je n'ai pas envie de recommencer. Je vous crois plus avancés que cela, et te renvoie la critique sur l'immobilité.

» Est-ce à dire, encore une fois, que je vous considère, Warnier et toi, comme n'ayant rien à faire en Algérie ou comme n'y pouvant faire qu'une ferme, un Ménilmontant, un phalanstère? Dieu m'en garde, et vraiment vous vous bouchez les oreilles par vos causeries réciproques, puisque vous ne m'entendez pas, car je vous crie assez fort que si vous le voulez bien, vous pouvez, à vous deux, faire faire à l'administration algérienne tout ce qui lui est possible pour rendre fécond le champ paisible du fait. Si je perds mon latin avec les Cavaignac et Dufaure, il paraît que je ne suis pas plus heureux avec vous.

» Mais pourquoi n'appliques-tu pas la critique que tu fais de mes courses vers Lamartine, Duclerc, et tant d'autres, à celles que j'ai faites autrefois pour mettre la main sur Warnier? Tu fais un peu trop fi de ce qui n'est pas *nous* dans le monde; moi j'ai foi qu'il y a autour de nous, bien des gens qui sont tout près de nous valoir et même de nous surpasser, quoiqu'ils n'aient pas vécu rue Monsigny et à Ménilmontant.

» Tu trouveras peut-être que dans cette parole mon humilité va bien loin, et que je sens le vieux qui compte sur la génération future, qui compte sur ses enfants; je ne le cache pas, je compte beaucoup sur vous, et franchement je trouve que tu comptes trop sur moi, et que tu as trop le besoin de me voir faire quelque chose en Algérie pour te décider à y faire quelque chose.

» Je t'engage fortement à méditer cette dernière réflexion, parce que j'ai la ferme conviction que la préoccupation de me voir mettre la main à l'Algérie et à ton œuvre te paralyse et t'empêche de sentir où toi-même tu dois mettre la main, toi sans moi ou avec moi, toi, Barrault, sous l'œil de Dieu, et avec la foi que dans ta fière liberté tu accompliras sa volonté, et que tu ne blesses en rien, au contraire, que tu caresses l'affection de ton Père. — P. ENFANTIN. »

La propagation, la correspondance et la rédaction du *crédit* étaient alors l'objet principal de l'activité apostolique du maître. Le lendemain de sa lettre à Barrault, il écrivait à Rességuier :

« 3 janvier 1849.

» Mon cher Rességuier, j'ai lu votre lettre à Lemonnier sur le crédit, elle en annonçait une pour Duveyrier, que vous adresseriez chez moi, et qui n'arrive pas; je prends les devants. Nous avons reçu plusieurs abonnements de vos environs, dus sans doute à votre influence, et nous en attendons d'autres, mais je comptais sur un peu mieux que cela de la part de vous, de Borel et de quelques amis, surtout en voyant comme vous compreniez bien la ligne politique du journal, et l'influence heureuse que le réveil de nos idées pouvait avoir sous cette forme.— Corrèze, qui pense comme vous à cet égard, m'écrit que, malgré les rigueurs de l'année, *quant à lui*, comme la situation est très-grave *pour tous*, il me prie de fixer moi-même sa contribution jusqu'à concurrence d'un maximum de 100 fr. par mois. — Je lui réponds que ce chiffre me paraît bien, en le félicitant et le remerciant de cet acte de foi.....

» A ce titre j'admets difficilement que vous, Borel, et vos plus intimes amis, ne veniez à notre aide que par un abonnement de 2 fr. par mois. C'est notre lutte ensemble depuis bien longtemps, mon cher Rességuier, lutte dans laquelle j'ai toujours été vaincu, mais que j'accomplis encore comme un devoir envers vous et envers tous. — Je vous demande donc après Février, plus vivement encore qu'après 1830, si vous êtes disposé à participer autrement que pour la satisfaction que vous donne la lecture du *Crédit*, à l'exécution de cette œuvre ; et j'ajoute, comme je l'ai dit à Corrèze, que cette fois j'ai la ferme conviction que ce serait pour vous une association productive, ce qui fait que moi-même je ne me fais aucun mérite de dévouement à y mettre à peu près ce que la révolution de février n'a pas dévoré de ce que j'avais gagné dans les chemins de fer. Duveyrier a fait de même, vous voyez que nous mettons *tous nos œufs dans un même panier*. »

Les saint-simoniens du midi n'étaient pas les seuls à mettre de la réserve dans leur participation à la nouvelle œuvre du Père. Pendant plus d'un an, Enfantin eut à soutenir des discussions épistolaires ou verbales avec quelques-uns de ses meilleurs amis sur les chances de succès du *Crédit*, sur le caractère, la valeur et les résultats probables de la politique inaugurée par ce journal, comme sur l'appréciation des événements du jour et sur la prévision de ceux du lendemain. Nous citerons ici quelques extraits des lettres qu'Enfantin écrivit dans cette lutte intime :

« Paris, 29 janvier 1849.

» Vous êtes vraiment incroyable, disait-il à l'un de ces incrédules, dont il connaissait bien d'ailleurs le parfait dévouement; comment, vous êtes convaincu que le bien n'arrivera qu'après le mal, que notre influence, en touchant quelques hommes d'élite, pourra et devra être immense sur les événements qui suivront la mêlée, que cette mêlée est imminente, et vous discutez avec moi, avec nous !

» Vous avez poussé de toutes vos forces, avant et depuis Février, à ce que nous fassions un journal; nous l'avons fait, et vous discutez !

» Si vous croyez que le bien arrivera après le mal, que nous arriverons après la mêlée, que voudriez-vous donc que nous fissions aujourd'hui? Le mal ? la bataille ? Mais ce n'est pas à nous à faire cela, si nous sommes le bien qui doit arriver après le mal. — Si nous sommes le bien, nous devons montrer que nous le sommes, même à ceux qui ne le verraient pas aujourd'hui; nous devons nous distinguer des *rouges* et des *blancs*, au risque de leur déplaire, avant et pendant la mêlée, cela se retrouve après.

» Soyez sûr que ceux qui viendront après la mêlée seront ceux qui auront fait tout leur possible pour l'empêcher. Puisque vous admettez que les bourgeois auront peur, je vous demande vers qui ils iront quand la panique sera à son comble, et ce qu'il faut faire pour qu'ils viennent alors à nous, et si vous connaissez un meilleur langage que le nôtre pour cela, enseignez-le-nous; mais je vous en défie.

» Paris est orageux lui-même sur un volcan, les aveugles poussent au coup d'État, qu'ils tenteront très-certainement si la proposition Rateau est repoussée comme celle des clubs. Sils osent le faire, ce sera certainement affreux; la mêlée que vous prévoyez sera immédiate, et les procédés qui seront employés seront horribles des deux côtés.

» Vous en concluez qu'il faut laisser les locomotives se choquer, et se croiser les bras; c'est-à-dire sans soutenir le noyau sauveur, l'arche de salut. Il ne s'agit pas seulement du frein pour empêcher de dérailler, il s'agit de *conquérir* le *droit* de MENER le train qui prendra les blessés et les bien portants, et les remettra en route vers l'avenir. Je vous dis que vous n'avez pas encore compris la noble ambition et le haut espoir qui nous animent et qui respiraient dans la lettre de Charles à Amail.

« P. ENFANTIN. »

Nous avons dit que le maître consacrait aussi une partie de son temps à la rédaction du *Crédit*. Il écrivait à Lyon, dans une lettre datée de mars 1849 :

« Vous allez voir ces jours-ci trois articles de moi sur *le déficit* et l'*emprunt*, et peut-être aussi quelque chose sur *la banque*.

» Les abonnements se prennent à cent par jour. — C'est Lhabitans qui nous fait nos excellentes leçons à l'adresse du bourgeois. »

La confiance d'Enfantin dans l'avenir du *Crédit*, se maintenait donc en dépit du scepticisme qu'il rencontrait au milieu des siens. Sa ligne politique était acceptée par des hommes qui avaient occupé de hautes positions, avant et depuis la révolution de février. Le rédacteur en chef fit imprimer et distribuer une lettre d'adhésion qui lui avait été adressée par quelques-uns de ces hommes; elle était ainsi conçue :

A Monsieur le Rédacteur en chef du journal le Crédit.

« Monsieur,

» Nous avons lu la note que vous nous avez adressée sur le but que se propose le journal *le Crédit*, et nous nous empressons de répondre à l'appel que vous nous faites.

» Au moment où le pays entre pour la première fois dans l'exercice du suffrage universel, la pensée d'organiser un journal quotidien à bon marché, destiné à introduire partout l'examen et la discussion des idées de progrès et d'amélioration, est non-seulement une conception utile, mais une dette que la presse a le devoir d'acquitter. Nous ne pouvons qu'applaudir à vos efforts, nous y associer par notre suffrage, et encourager les adhésions des bons citoyens. La société ne réussira à se défendre qu'en répandant, tous les jours, et partout, la propagande des lumières et de la raison. Par une combinaison qui vient compléter l'action des organes existants de l'opinion modérée, vous mettez à la portée du grand nombre un enseignement qui lui manquait, et qu'il est à désirer de voir s'étendre de plus en plus. En vous exprimant notre sympathie pour l'œuvre que vous avez entreprise, nous voulons surtout servir les principes qui nous dirigent dans l'accomplissement de notre mandat politique, et nous serons heureux si ce témoignage peut grouper autour de vous les esprits prévoyants et les cœurs généreux de toutes les nuances du grand parti de l'ordre et de la liberté.

» Recevez, Monsieur, l'assurance de notre considération distinguée.

» J. Dufaure, Ch. Rivet, A. Freslon, général de Lamoricière. »

Quelque honorable et imposant que fût ce témoignage de sympathie, le doute sur le succès définitif du journal continua de se produire dans la correspondance d'un petit nombre d'intimes. Il fallait bien que ce doute, quoique revêtu de formes cordiales, pesât, par sa persistance et par le nombre de ses organes, à l'homme qui était plus habitué à donner qu'à recevoir des conseils, pour qu'Enfantin écrivît, sans se départir jamais, toutefois, du ton amical, les lignes qu'on va lire :

« Paris, 5 mai 1849.

» Je vous assure que vous commencez tous, Brosset lui-même, mais aussi Holstein et Drut, mais surtout vous, par dépasser les bornes de la *clampinerie*. Que diable faites-vous donc tous pour tirer la société du gâchis où elle est? Que faites-vous en dehors de votre pot-au-feu? Je ne vois rien à enregistrer dans vos états de service *social* et *religieux*, rien qui vous recommande devant *Dieu* et devant les *hommes*. Et c'est avec une pareille tenue d'invalides que vous vous permettez de nous conseiller de mettre des lunettes sur nos yeux, un cornet acoustique sur nos oreilles, afin de mieux voir et mieux entendre, et de ne pas nous faire illusion!..... Est-ce que vous avez oublié qu'il y a eu une révolution en France? Ce serait pis que d'être aveugle et illusionné comme moi. — Mais je suis bien innocent de chercher encore une fois à vous convaincre par des paroles. Je cesse donc, mais, je vous en supplie, cessez aussi. Je vous assure, du plus profond de mon cœur et de ma raison, qu'il n'y a aucune utilité pour vous tous, ni pour nous, pour personne, à ce que nous trouvions chez nos amis autre chose que le concours le plus confiant ou le silence le plus affectueux, l'attente, douteuse s'ils le veulent, mais enfin l'attente de résultats tout au moins possibles, s'ils ne leur paraissent pas probables.

» Quant à vous, cher ami, vous me connaissez

trop bien pour penser que je veuille être journaliste par amour de cet art, ou que je sois tenté de me présenter sur les tréteaux électoraux. Vous savez de plus que je suis passé du journal l'*Algérie* au cabinet de Rothschild, pour *les plus grandes affaires* des derniers temps; comment donc n'êtes-vous pas un peu porté à croire qu'il se pourrait faire, Dieu aidant (et, par conséquent, les amis aidant), que je passe du journal *le Crédit* aux grandes affaires de ce temps-ci? — Mais encore une fois, attendons les résultats, je vous le demande en grâce. Si vos critiques ouvraient des voies, indiquaient d'autres choses à faire, aiguillonnaient notre courage pour d'autres combats, à la bonne heure! Mais dire *je regrette, je doute, je crains*, c'est bon pour le Val-de-Grâce plus encore que pour les Invalides. Vous nous trouvez *illusionnés*, je vous crois *malades*, c'est inutile à se le dire, cela n'ouvre pas l'œil et ne guérit pas. Restons-en là, et, pour la dernière fois, *attendons*. — P. ENFANTIN. »

Il entrait souvent dans les vues, dans la mission d'Enfantin, de paraître plus illusionné qu'il ne l'était réellement. Si la grande confiance qu'il manifestait dans l'accomplissement d'une œuvre locale et temporaire n'était pas toujours justifiée par un succès prochain et complet, du moins les sacrifices qu'il s'imposait à lui-même et qu'il demandait aux autres sous l'influence de cette religieuse illusion, les efforts de prosélytisme et les enseignements apostoliques dont ces sacrifices étaient accompagnés, servaient incontestablement à l'œuvre universelle et perpétuelle du progrès dont il s'était constitué l'infatigable et suprême artisan. Voyez-le retracer à Arlès les agitations convulsives de l'Assemblée nationale à ses derniers moments (21 mai 1849), et l'état de marasme où se trouve le vieux monde :

« L'Assemblée constituante, dit-il, veut jouer de son reste; elle veut enterrer le ministère, et peut-être même le président, avant de s'enterrer elle-même. Les non-réélus n'entendent pas mourir sans crier. Mais il n'y a pas un homme, pas de parti formé, pas de force, entre les deux partis extrêmes de bourgeois aristocrates et de bourgeois démocrates, qui puisse refaire un corps de cette double pourriture si bien représentée par les *Débats* et le *National* d'autrefois..... Le socialisme attaque et grandit, la peur va aller grand train, ainsi que la baisse, plus peut-être qu'après Février.

» Pour votre gouverne politique, je vous dis donc que si vous doutez encore de la grandeur du rôle que nous avons à remplir dans la situation actuelle, vous mériteriez d'y être ruiné jusqu'au dernier sou. Les germes de l'avenir sont tout autant des pourritures que les débris du passé. Le grain n'est guère plus séduisant que le fumier. Tout cela prépare la vie ou la répare; mais ce n'est pas la vie. Nous seuls ne sommes ni des moutards, ni des momies, nous seuls savons ce que cette graine et ce fumier renferment de vie.....

» Encore un mot. Vous prétendez qu'aucun journal allemand n'aurait pu empêcher le mouvement anarchique qui se manifeste au delà du Rhin. Vous admettez sans doute qu'il y en a qui ont contribué à le faire naître et à le précipiter. En France, cela s'est passé de même, à commencer par notre *Globe* et à finir par *le Peuple*. Or, dans dix ans, dans vingt ans si vous voulez, lorsque à l'anarchie actuelle succédera inévitablement un ordre nouveau, est-ce que vous croyez qu'on ne reconnaîtra pas que des journaux ont concouru à faire naître cet ordre et à le développer? Est-ce que nous n'empêcherions pas absolument l'anarchie d'avoir un certain cours? Croyez-vous donc impossible d'apporter quelques matériaux de réparation, d'édification, qu'on sera trop heureux de trouver quand le torrent sera écoulé? Vous reconnaissez pourtant que nous pourrons plus tard contribuer à purifier le bouillon! Même pour cela, il est bon de fabriquer l'écumoire, on n'écume pas avec la main sans s'échauder.

» Voyez donc comment chantent déjà le *Siècle*, la *Patrie*, et même aussi ces chers *Débats!* Est-ce que vous croyez qu'ils auraient entonné ces chants-là si le *Crédit* ne les avait pas serinés? Croyez-vous que nous n'ayons pas dans notre partition une foule d'autres chants à leur apprendre? Enfin, faut-il nous taire et planter des roses? cher ami, toute la question est là. — P. ENFANTIN. »

Le 11 juin, au moment où la question qui allait se résoudre sous les murs de Rome, absorbait toutes les âmes et toutes les têtes, à la nouvelle d'une attaque des soldats de la république française contre la république romaine, Enfantin écrit à Arlès, pendant qu'on discute sur ce grave sujet à l'Assemblée législative :

« Si, comme cela est très-possible et presque probable, Dufaure accepte la responsabilité des affaires de Rome, je dirai comme vous que c'en est fait du tiers-parti, et alors nous verrons ce que nous aurons à faire et à dire. La décision va donc être aussi solennelle pour nous, pour moi personnellement, qu'elle va l'être pour tout le monde. Peut-être, après avoir voulu nous servir d'hommes connus comme hommes publics, devons-nous compter davantage sur nous-mêmes et non sur eux, et appeler directement à nous, à nos idées, à nos personnes, les hommes qui veulent sincèrement par sympathie, et même par peur, sauver la France et eux-mêmes des folies blanches et des folies rouges..... Adieu, cher ami, restez où vous êtes, je me sens presque trop révolutionnaire pour avoir besoin de vous en ce moment, d'autant plus que j'ai une manière de comprendre la révolution qui n'est pas la vôtre; les deux se nuiraient en étant trop proches. — A vous. — P. ENFANTIN. »

La manière qu'Enfantin trouvait trop révolutionnaire et qu'il craignait de rendre plus vive, au contact des contradictions les plus amicales, n'était pourtant que celle qu'il avait toujours employée, la combinaison religieuse de la hardiesse et de la modération. En voici un précieux témoignage. Tout en déplorant les défaillances du tiers-parti dans les affaires de France, il sut résister, dans le *Crédit*, aux excitations et à l'entraînement qui menaient les partis extrêmes, aux *folies blanches* dans le parlement, et aux *folies rouges* dans la rue. Le 15 juin, deux jours après l'échauffourée du Conservatoire des arts et métiers, et pendant que la réaction triomphante dans l'Assemblée législative se pressait de mettre à profit l'état de siége, il écrivait à l'un des amis qui considéraient la politique de son journal comme trop molle et absolument stérile : « Si nous avions suivi la ligne qui vous semblait la meilleure, nous en serions où en sont le *Peuple*, la *Démocratie*, la *Vraie République*, etc., où en sont Ledru-Rollin, Considérant, Thoré, et autres, avec qui je n'ai jamais eu la moindre ressemblance. Nous tirons, il est vrai, à 19 ou 20 mille depuis le 13. Nous sommes à peu près seuls représentant les idées de travail, d'organisation, de rénovation; nous avons la conviction que l'état de siége, les lois sur les clubs et sur la presse ne nous empêcheront pas de chanter notre *antienne quotidienne* qui, quoi que vous en disiez, va, non à la vieillesse, non à l'enfance ou à l'adolescence, mais aux hommes faits... Quel est, en effet, le résultat de tout ceci? Il est double : d'une part, voici la politique débarrassée des purs montagnards, des ultra-révolutionnaires; d'autre part, voici la droite obligée de se couper en deux, de faire une extrême droite d'ultra-réactionnaires, par conséquent, des deux côtés, moins d'obstacles pour arriver sur le terrain de l'article 13 de la constitution[1]; vous

1. Cet article promettait l'*organisation de l'éducation professionnelle, des établissements de prévoyance et de crédit, des institutions agricoles et de l'assistance publique.*

savez que je ne suis pas trop difficile sur le plus ou le moins de liberté de presse, de tribune et de réunion, *pourvu que l'on fasse*...

P. Enfantin. »

Deux jours après, il reprend la plume pour dire à Arlès :

« Plus j'avance et plus j'ai foi que le moment est très-prochain où j'aurai quelque chose à faire en politique. Dans quelques jours, je vais reprendre mon entrain du temps des fusions et mettre la voiture en avant. Cela vous paraîtra peut-être drôle, mais enfin c'est comme cela. Pour ça, il faut que je sois tranquille sur le *Crédit*, et je le serai d'une manière ou d'autre, par sa mort ou sa vie, d'ici à peu de jours.....

» Je viens de passer une heure avec M. Passy, tête à tête et en bonne conversation. C'est un homme à revoir. Nous avons touché à beaucoup de choses financières. Il sait beaucoup et a de bonnes envies. Je lui crois plus de ténacité qu'à bien d'autres de son bord ; mais, comme eux, il est toujours trop parlementaire et ne compte pas assez sur l'opinion, qu'il juge pourtant assez bien en ce qu'elle *est*, mais non en ce qu'elle *peut*. J'ai donc fait mon possible pour lui prouver que le *parlement* ne peut rien et pourra de moins en moins, *tandis que le pouvoir qui comptera sur l'opinion pourra de plus en plus.* Voilà le côté philosophique de la politique transcendante; quant à la politique pratique, j'ai dû parler et surtout le laisser beaucoup parler de l'impôt du revenu et de l'impôt des boissons, et aussi des obligations pour travaux extraordinaires, en ne retouchant que très-légèrement aux questions de chemins de fer. Ce sera pour la seconde fois.

» P. ENFANTIN. »

Vers ce temps-là, un homme à qui Enfantin avait cru longtemps de hautes destinées politiques, et dont il n'a jamais cessé d'admirer la sublimité poétique et la puissance oratoire, M. de Lamartine, que le chef suprême du saint-simonisme se plaisait à regarder comme un proche voisin et un magnifique annonciateur du nouvel évangile, venait de lancer, dans le *Conseiller du peuple*, un anathème impitoyable contre les écoles socialistes sans distinction aucune. A la lecture de cette virulente diatribe de la part d'un homme qu'il aimait sincèrement et qu'il prisait si haut, Enfantin se crut obligé de rompre le silence et d'adresser les pages qui suivent au poëte qu'il avait pris jusque-là pour un de ses prophètes auxiliaires.

A M. de Lamartine.

« Paris, 15 septembre 1849.

» Mon cher monsieur,

» J'ai éprouvé le besoin de vous remercier et de vous féliciter de ce que vous aviez écrit dernièrement dans votre sixième conseil au peuple ; il m'est impossible de ne pas me plaindre aujourd'hui, et permettez-moi de vous le dire, de ne pas vous blâmer de plusieurs passages de votre septième conseil.

» Il y a vingt ans, dites-vous, que vous étudiez le socialisme, et vous comprenez sous ce nom Saint-Simon et son école. Bêtise, perversité, imbécillité, idiotisme, divagations, ineptie, opium, vieilles femmes, etc., etc., tels sont les mots que vous appliquez sans distinction, sans exception, à tous les hommes que vous embrassez et voulez étouffer sous votre anathème.

» Est-ce donc votre collègue Carnot, ministre de l'instruction publique, et ses amis et conseillers Jean Reynaud et Charton, vos collègues aussi à l'Assemblée constituante, tous trois anciens membres du collége saint-simonien, et prédicateurs de cette doctrine, que vous avez entendu désigner ainsi au mépris des instituteurs ruraux et à l'animadversion publique?

» Est-ce Michel Chevalier, ainsi que Xavier Raymond et Broet qui travaillent au *Débats;* Jourdan qui fait le *Siècle* avec Bernard; Guéroult qui rédige la *République;* Duveyrier et la petite troupe d'hommes éclairés et excellents qui ont fondé le *Crédit* auquel vous donniez hier un si juste et si complet éloge; enfin, est-ce Arlès et moi que vous traitez ainsi?

» Ou bien encore, sont-ce les fleurs que vous jetez sur les douze tombes que j'ai creusées en Égypte à de chers amis, venus avec moi pour étudier et préparer la grande œuvre industrielle et politique de ce siècle, la jonction des deux mers, et qui n'y ont trouvé pour récompense de leur dévouement que la misère, la peste et la mort?

» De ces pauvres martyrs vous ne connaissez ni la vie, ni les œuvres, ni la mort, et si l'on vous demandait ce qu'étaient et ce qu'ont fait Bazard, Eugène Rodrigues, Edmond Talabot et bien d'autres, morts aussi à la peine, vous ne sauriez que répondre. Mais qui avez-vous donc connu, depuis vingt ans que vous étudiez le socialisme, qui ait pu vous inspirer les injures que vous nous prodiguez?

» Sont-ce les Pereire et les Flachat, parce qu'ils ont les premiers doté la France de chemins de fer, avec le concours de nos amis Clapeyron, l'ingénieur, et Lamé, l'académicien? sont-ce tous ces ingénieurs de premier ordre, Didion, Borrel, Bazaine, Chaperon, Parandier, Boucaumont, Boulanger, Job, Capella, et tant d'autres, qui viennent aussi de nous, et qui ont mis la main et attaché leur nom à tous les grands travaux de la France depuis vingt années?

» Sont-ce encore vos collègues des assemblées constituantes et législatives, Buchez, Renouvier, Laurent, Barrault, Bac, Allègre, mais aussi Denjoy, Freslon, Barthe et Lamoricière? Est-ce Pierre Leroux lui-même? Mais vous devez bien savoir que cet homme est un des meilleurs et des plus érudits de notre époque; si donc sa bonté et son savoir gonflent par trop son cœur et sa tête et les font éclater parfois d'une façon anormale, les erreurs de ce philosophe socialiste méritent un peu mieux le respect que celles des philosophes égoïstes du siècle dernier, s'appelassent-ils Condillac et Helvétius, ou même Locke et Voltaire.

» Sont-ce surtout les braves prolétaires que nos idées de travail, d'ordre et de paix ont touchés, dont elles ont consolé la misère et calmé les colères en leur rendant l'espérance et la foi, dont pas un seul n'a versé le sang de ses frères dans nos jours d'émeute, dont plusieurs ont chanté l'avenir de l'humanité en vrais poëtes, en vrais amis de Béranger, tels que Vinçard et Lachambeaudie, dont vous devriez être aussi l'ami, et dont peut-être ceux que vous croyez vos amis n'ont pas laissé monter le nom jusqu'à vous?

» Serait-ce enfin Cazeaux, le chef du corps des ingénieurs hydrographes; Lambert, le directeur de l'Ecole polytechnique du Caire; Bruneau, qui dirigeait naguère l'école d'artillerie d'Égypte, et Perron qui était là aussi, directeur de l'école de médecine? Est-ce Transon, répétiteur à notre école polytechnique de France; d'Eichtal, l'auteur de plusieurs mémoires sérieux à l'Institut et d'un ouvrage remarquable sur l'Orient; Fournel, l'ingénieur qui met en ce moment la dernière main à un grand ouvrage sur les richesses métallurgiques de l'Algérie? Est-ce ce pauvre Raymond Bonheur à qui le *Moniteur*, hier même, rendait un si touchant hommage, et qui nous a laissé dans sa fille un des plus grands artistes de notre époque? Enfin, est-ce mon Benjamin, mon Félicien David, que tout le monde admire et qui est aimé de tous ceux qui le connaissent?

» Le père supérieur du monastère selon la règle de Saint-Simon, a si peu conspiré contre leur indépendance et leur libre arbitre, qu'il les a aidés de toutes ses forces à se faire individuellement un nom et une place honorés dans le monde ; il lui appartenait donc encore, vis-à-vis de vous qui les injuriez collectivement, de vous faire passer en revue ceux d'entre eux qui ont le plus concouru à propager les idées auxquelles on a donné le nom de saint-simonisme et qui l'ont appelé leur père. Si vous en connaissez un seul qui se livre au sensualisme le plus brutal, qui ne songe qu'à boire, manger, palper plus d'or et plus d'argent, à jouir de plus de voluptés dans le commerce illimité des sexes, à se partager les biens du riche sans les avoir gagnés, à moissonner sans avoir labouré, à se reposer toujours, à dormir sans cesse, si vous en connaissez un seul qui pratique une vie aussi diamétralement contraire à la doctrine qu'il a enseignée, que vous avez étudiée dites-vous, mais que vous ne savez pas, puisque vous la travestissez ainsi ; si vous en connaissez un seul à qui, sous tous ces rapports, vous vous croyiez le droit de jeter la pierre, vous qui avez dépensé tant d'or et joui de tant de voluptés, jetez-la-lui, vous ferez bien.

» Mais vous faire le dénonciateur en masse

d'hommes que vous ne connaissez pas, bien mieux encore, d'hommes que vous savez incapables de toutes les bassesses et les turpitudes que vous leur attribuez, c'est mal.

» Hélas! pourquoi cet acharnement? Pourquoi ces menaces d'épuration, de destitution, de confiscations contre les instituteurs socialistes? Les instituteurs d'aujourd'hui sont les mêmes que ceux de février; à cette époque, ils vous portaient aux nues; depuis lors, ils vous ont laissé tomber, la faute en est-elle à eux seuls? Lorsque vous étiez le collègue de Louis Blanc et d'Albert, que vous vous vantiez d'être l'ami de Caussidière, et que vous aimiez à recevoir Sobrier et Blanqui, les instituteurs ruraux sont bien excusables de s'être faits socialistes, à la suite de l'homme de génie qu'ils admiraient le plus en France, et qui était le Moniteur de leur âme; vous êtes vraiment trop exigeant si vous prétendez qu'ils doivent changer aussi vite que vous d'affections et de pensées, dont vous avez été pour eux le modèle.

» La plus grande partie des socialistes révolutionnaires, perturbateurs et spoliateurs, c'est vous surtout qui les avez faits. Oui, il y a des gens qui se nomment socialistes, et qui n'aiment à faire que ce qu'ils vous ont vu faire en Février : renverser un trône, briser le pouvoir, bouleverser toutes les existences publiques et privées; ceux-là sont des révolutionnaires, des perturbateurs, des spoliateurs, sinon de la fortune des riches, au moins de la puissance des puissants, ils veulent moissonner le pouvoir sans l'avoir cultivé, récolter l'autorité après avoir semé la révolte, prendre les places qu'ils ont eux-mêmes minées; aussi sautent-ils promptement, comme il vous est arrivé à vous, bien peu de temps après votre victoire et tout près du Capitole.

» Oui, encore une fois, tous ces socialistes perturbateurs et partageux qui ont surgi depuis Février, c'est vous, messieurs les révolutionnaires de Février, qui les avez mis au monde; mais c'est vous surtout, vous sans le savoir, vous qui jetez votre semence aux vents, c'est vous qui êtes leur père. N'est-ce pas vous qui avez ouvert le Luxembourg à Louis Blanc, comme c'est M. Marie qui lui a ouvert les ateliers nationaux? Vous avez fait cela au moment où je vous disais, où je vous écrivais à tous les deux : Emparez-vous donc des enfants et des vieillards de ce peuple; donnez-leur l'éducation et la retraite, dans ces forteresses qui dominent Paris, et qui seront ainsi transformées en maisons de campagne et de plaisance pour la famille de l'*ouvrier*, venant y passer son dimanche entre son père et son enfant ; si vous ne faites pas cela, la question du salaire vous renversera et ensanglantera bientôt Paris.

» Vous ne m'écoutiez pas ; vous me demandiez si j'avais un fusil, si j'étais garde national? et vous en donniez, des fusils... à Sobrier !

» Ces socialistes révolutionnaires et spoliateurs ne sont élèves ni de Saint-Simon, ni de moi ; fustigez-les tant qu'il vous plaira, ce sont vos enfants ; mais alors ne craignez pas que les verges dont vous vous servirez se retournent contre vous en discipline, car un solennel *meâ culpâ* vous grandirait, tandis que l'encens que vous vous décernez à vous-même, *coram populo*, vous enivre, vous gonfle et vous rabaisse.

» Vous voulez, mon cher Monsieur, reconquérir votre popularité perdue, rappelez-vous ce qui vous l'avait donnée. Autrefois vous faisiez aimer de grandes choses, de grandes pensées, des grands hommes. Aujourd'hui vous mettez au pilori des indignes ; ce n'est pas votre métier, vous le faites mal ; vous êtes maladroit, vous confondez de nobles têtes avec des têtes infâmes ; vous n'êtes pas né bourreau, vous étiez et pouvez être encore le glorieux baptiseur des saints et des martyrs.

» C'est l'espoir de votre bien affectionné,

» P. Enfantin. »

M. de Lamartine répondit :

A M. Enfantin.

« Mâcon, 22 septembre 1849.

» Mon cher et illustre philosophe,

» Votre lettre m'a affligé. Je reconnais que j'ai mérité la peine, puisque j'en ai fait involontairement moi-même à une âme telle que la vôtre. Mon analyse du socialisme devait, comme je l'ai fait vingt fois, séparer les doctrines des doctrines et les hommes eux-mêmes des systèmes. Ce sont les systèmes seuls que je réprouve. J'ai été le premier à caractériser autrefois la philosophie du saint-simonisme, et à en séparer les rêves et les réalités. J'ai été le premier aussi à reconnaître et à faire reconnaître que cette doctrine, bien qu'*indienne*, *posthume* et irréconciliable avec la liberté humaine, ce diadème humain, avait produit des hommes éminents et des hommes applicables dans l'ordre matériel. J'aurais dû le répéter.

» Quoi qu'il en soit, pardonnez-moi, car rien n'était plus loin de mon cœur que la volonté de froisser le vôtre. Le socialisme anarchique, brutal, spoliateur, démolisseur, *licteur*, qui prêche dans la *Démocratie* et dans nos clubs ruraux est le fléau de la République. Comme un des auteurs de la République, je dois le combattre en avant-garde, sous peine de lâcheté. Je le fais et le ferai avec intrépidité, parce que c'est mon devoir. Quand on a contribué à lancer son pays dans une démocratie, il faut le couvrir contre la démagogie, ce vitriol de toute agrégation sociale. Je n'ai pas cependant, comme vous semblez le croire, flatté ou toléré un seul jour, dans un autre temps, ce que je combats aujourd'hui. Non. J'ai dit aux terroristes et aux communistes dont vous me parlez, exactement ce que j'écris en ce moment.

» Adieu. Excusez ma brièveté. Mon cœur, pour vous, ne serait pas bref, mais je suis surchargé, malade, entravé d'affaires et de difficultés d'être. Gardez-moi votre amitié quand même, comme vous avez la mienne avec mes regrets.

» LAMARTINE. »

« M. Ducuing, du *Courrier français*, jeune publiciste plein de conscience et de talent, ayant quitté ce journal pour répugnance d'idées, voudrait bien entrer au *Crédit*, admirable journal, et me prie de vous en parler. Ce serait une acquisition excellente. Il vous verra. »

Cette réponse rendait toute réplique superflue. Les gros mots jetés à la face des instituteurs de la classe la plus nombreuse et la plus pauvre, à la face des socialistes de toutes les nuances, étaient tombés innocemment de la plume du grand écrivain qui avait paru initié aux secrets de l'avenir dans ses adieux à Walter Scott; la distinction, dont l'absence si regrettable avait provoqué la protestation d'Enfantin, avait existé intentionnellement chez l'illustre poëte, lequel, après tout, dans son post-scriptum, proclamait le *Crédit*, l'œuvre capitale d'Enfantin en ce moment, un journal *admirable*.

Le maître se contenta de répéter : « Non, cet homme n'était pas né bourreau ; il était et peut être encore le glorieux baptiseur des saints et des martyrs. »

XLVI

(1850)

L'admiration de Lamartine pour le *Crédit* n'était pas partagée, nous l'avons dit, et la correspondance d'Enfantin l'atteste, par quelques amis intimes du maître. Cette différence se perpétuait d'une manière assez fâcheuse pour mettre à une rude épreuve le calme sacerdotal du Père, qui écrivait, le 17 janvier 1849, au principal organe de cette opposition filiale :

« Cher ami, de toutes les tribulations que le *Crédit* m'a causées et me cause encore, la plus poignante, sans contredit, est celle que me fait éprouver constamment la lutte qu'il a établie entre vous et moi. Si, malgré les imperfections du journal, il ne vous paraît pas, à vous, non-seulement meilleur que tout autre, mais indispensable au milieu des autres ; si vous ne sentez pas qu'au sein de ce charivari qu'on appelle la presse, il faut que ce chant (faux quelquefois) se fasse entendre, je confesse que rien au monde ne peut me surprendre et me peiner davantage.....

» Vous dites que, sans un journal, *j'aurais fait* du merveilleux : je le veux bien ; mais la question n'est plus là. Il ne s'agit pas de ce que j'aurais fait ou dû faire, mais de ce que je fais et ferai. Or, quant à ce que je fais, il est positif que les intérêts qui se sont ralliés autour de moi n'ont été défendus que par le *Crédit* et le *Siècle*. Quant à ce que je ferai, vous pouvez être sûr également que cela ne sera facilité, préparé, formulé et même propagé que par le *Siècle* et le *Crédit*, à moins que je ne doive me faire *rouge* ou *blanc*, ce qui ne sera *jamais*, quand bien même Proudhon et Raspail trôneraient en Occident. Qui vous dit que je ne serai pas lapidé par Bareste ? J'ai bien été déclaré immoral par Bazard et même par Rodrigues, qui m'avait appelé l'homme le plus moral de son temps. — Vous rêvez pour moi, et par moi, des choses qui vous semblent de fort grandes choses, et voilà pourquoi vous qualifiez un peu légèrement *X*, chez qui j'ai dîné avant-hier avec Cavaignac; *N*, chez qui j'ai rencontré hier encore Cavaignac et Bartholony, et qui n'est pourtant pas lui-même un homme sans influence sur les affaires de chemins, de mines, de transports, de banques et de crédit; les messagistes, avec lesquels je complote l'affaire des bateaux à vapeur de la Méditerranée, c'est-à-dire l'affaire *sœur* du Loyd autrichien et de la Compagnie péninsulaire anglaise, avec lesquelles *sœurs* l'affaire de Suez et celle d'Orient seront des amusettes pour nos vieux jours ou pour nos enfants ! Vous appelez cela des....., comme M. le marquis de Lafayette appelait sans doute Lefebvre, Lannes et autres, lorsqu'ils venaient, rue de la Victoire, prendre le mot d'ordre..... Ah! cher ami, comme c'est rude de travailler, quand on n'est pas même compris et qu'on est aidé à contre-cœur par des amis aussi dévoués que vous.

» P. ENFANTIN. »

Enfantin sentait sa puissance grandir dans les hautes sphères de l'industrie, et comme Saint-Simon, son maître, il était convaincu que l'influence politique passait de plus en plus à la classe industrielle. Il n'oubliait pas que c'était par le soin des affaires matérielles, par le diaconat, que la première société chrétienne, malgré ses croyances spiritualistes, se maintint et se propagea. Le diaconat saint-simonien devait d'autant plus fixer l'attention et la sollicitude des apôtres, que ses efforts et ses succès, loin d'être en contradiction avec ses dogmes, ne faisaient que les réaliser. Et le journal lui paraissait indispensable pour agir sur l'industrie et sur la politique, pour exercer puissamment son apostolat !

« Vous m'avez appelé *entêté*, écrivait-il encore en janvier à son ami récalcitrant, moi qui ai eu pourtant à montrer une merveilleuse flexibilité pour changer de carrière, de travaux, d'habits, de vie. (Enfantin n'était en effet entêté que sur le but de sa vie, jamais sur les moyens de l'atteindre) ; mais est-ce que je ne mérite pas le reproche contraire comme Saint-Simon, à qui Benjamin Constant reprochait de ne bâtir que des portes cochères ? Est-ce que vous ne sentez pas que si le crédit meurt, c'est Duveyrier qui tombe ? Est-ce que vous ne vous êtes pas dit plus d'une fois qu'il y a dans cet homme autant d'esprit, autant d'imagination que dans Beaumarchais, et qu'il se pourrait bien que ce gaillard-là fut un jour le Law de la finance actuelle, quoiqu'il ait et parce qu'il a fait ce prodigieux tour de force des *annonces ?* Est-ce que moi-même, qui ai fait avec vous, Paulin Talabot et Thibaudeau, cet autre tour de force des *fusions*, je ne pourrais pas faire avec Charles (Duveyrier) celui du Crédit foncier? Est-ce qu'il est absolument impossible que Rothschild ait sa foi, comme Fouquet, comme Laborde, comme Jacques Laffitte, et que nous fassions, pour l'époque actuelle, la *grande œuvre financière* qui correspond à cette époque?

» Or, pour tout cela, il nous faut *le crédit*, il nous le faut absolument, et nous l'aurons malgré vous, mais encore mieux avec vous.....

« P. ENFANTIN. »

Dans sa correspondance avec son ami de Leipzig, Enfantin manifestait la même résolution de poursuivre le développement des idées capitales dont il se préoccupait avec Duveyrier. Le 5 février 1850, il écrivait ce qui suit :

« Mon cher Dufour, vos lettres nous font le plus grand plaisir, et nous attirent des compliments de nos meilleurs lecteurs ; je vous en remercie, et je vous prie de nous donner ainsi un peu de votre temps, quand vos affaires vous laissent du loisir, ce qui peut être rare ; songez à nous, lorsque cela vous arrive.

» Je voudrais bien, sinon pour le journal au moins pour moi, sauf à en extraire ce qui pourrait être publié sans inconvénient, connaître votre opinion sur ce fait très-remarquable, savoir : que le pays où le peuple sait lire, écrire, chanter; celui qui, outre les écoles et les églises, possède le crédit foncier et une loi hypothécaire judiciaire, la Saxe, en un mot, est agitée aussi profondément par l'esprit révolutionnaire, communiste et athée. Quelles sont, selon vous, les causes directes de cette situation, et quels sont aussi les instruments vraiment puissants de cette perturbation? Quels sont vos Proudhon, vos L. Blanc, ou même vos Mirabeau et vos Voltaire? Avez-vous quelque chose qui corresponde aux rêves de Fourier, de Saint-Simon ou de Cabet?

» 6 *février*. Tandis que j'étais en train de vous écrire, Duveyrier m'a apporté la lettre incluse qui nous a fait causer beaucoup et qui me pousse à soumettre aussi à vos réflexions une autre idée qui me passe par la tête; voyez s'il y a quelque chose.

» Law est arrivé un beau jour de son Écosse, qui était pleine d'idées de *crédit* et de *papier de banque*, lorsqu'on ignorait en France ce que c'était que tout cela.

» M. Necker est arrivé de Genève, la ville de *banque* et de *comptabilité*, alors que la France ne connaissait encore que les finances des fermiers généraux et la comptabilité des cuisinières, et c'est jusqu'à lui que remonte cette colonie des Peregaux, Pourtalès, Rougemont, Delessert, Scherer, Odier, Hottinguer, Opermann, et tant d'autres Suisses qui concoururent à la fondation de la BANQUE DE FRANCE, à l'établissement des *budgets* et de la *comptabilité publique*.

» Plus tard c'est Gênes, la *riche* et la *prêteuse*, qui nous envoya *Corvetto* et *André* pour faire les *emprunts* et en apprendre le mécanisme, que l'abbé Louis était allé étudier aussi en Angleterre, et que M. de Vill le pratiquait avec la maison Lapanouze dont Bartholony le *Génevois* était le chef réel.

» Plus tard enfin, le même Bartholony, Génevois, commença les grandes entreprises financières d'industrie, les chemins de fer, les canaux et les mines, avec Pillet-Will le Vaudois, Odier le Génevois, et Paccard et Mathieu, et Dacier, et Des-arts, et Marcuard et vingt autres encore, nés en Suisse, dans le pays de la commandite.

» Aujourd'hui, qui enseignera par l'exemple à la France le *crédit foncier*, la *lettre de gage?* Ne sera-ce pas un homme ou des hommes venant de pays où le *crédit* foncier existe depuis longtemps et fonctionne facilement, et pour ainsi dire naturellement, comme un organe indispensable de la vie politique de la nation et de l'existence de chaque citoyen?

» Pourquoi ne serait-ce pas vous ou quelqu'un de vos intimes? Voici, mon cher ami, la question que je soumets à vos méditations.

» Songez qu'il fut un temps où la France donnait au contraire à l'Allemagne (votre famille en est un exemple) ses maîtres en industrie et en commerce. L'Allemagne ne doit-elle pas lui renvoyer aujourd'hui quelques-uns des enfants de ces huguenots laborieux, pour redonner à la terre de France une culture et un crédit dignes de sa fécondité.

» A vous. — P. Enfantin. »

Voici la lettre de Duveyrier, annoncée par Enfantin.

« 5 février 1850.

» Mon cher ami, je pense qu'Enfantin vous a écrit et expliqué le bruit qui est venu à vous.

Vous voilà tranquille à ce sujet; moi je ne veux aujourd'hui que vous remercier de vos lettres, vous engager à nous en écrire souvent, et vous communiquer une idée qui me tourmente et sur laquelle j'appelle vos réflexions.

» Le *Constitutionnel* et la *Presse* sont arrivés chacun à la fin de leur exercice. Ils vont distribuer, l'un 270,000 fr., l'autre 300,000 fr. à leurs actionnaires. Pour la *Presse*, cela représente 300 p. 0/0 du capital originaire.

» Cela me fait faire de sérieuses réflexions.

» Qu'est-ce que le Constitutionnel?

» Qu'est-ce que la Presse?

» Des entreprises industrielles, dont les éléments de succès sont aujourd'hui parfaitement connus.

» A toute époque où la société est profondément renouvelée, il y a une belle opération à faire avec la création d'un nouveau journal. Je parle, bien entendu, de la France.

» Voici maintenant mon idée.

» Je me demande si une pareille œuvre est digne de vous.

» Fonder à Paris, sur échelle large et puissante, un journal de la paix, du travail, du progrès régulier et continu, un journal européen et parisien, cela n'est-il pas aujourd'hui d'une importance égale à ce qu'était, en 1841, le chemin de fer de Saint-Pétersbourg à Moscou?

» Je crois que c'est plus facile et je suis certain qu'on y gagnerait plus d'argent, à la condition que l'affaire fût conduite administrativement et industriellement par un homme comme vous.

» Je suis convaincu que c'est une œuvre éminemment patriotique au point de vue de la Saxe, de la Prusse, de l'Autriche aussi bien que de la France, et que si vous l'entrepreniez, vous trouveriez, vous et pas un autre, un appui financier, parmi tous les négociants de votre connaissance, à Berlin, à Hambourg, à Francfort, à Vienne, etc. »

» Évidemment, je crois comme vous que la révolution n'est pas finie, et ce qui me le fait principalement penser, c'est l'état de la presse française.

» L'instrument qui mène le monde est pourri et rouillé; les esprits et les cœurs communiquent par des canaux empestés; tous les journaux sentent la fièvre ou le cadavre.

» Je conçois parfaitement que les négociants, les banquiers, les chefs du travail, ceux qui ont la responsabilité des capitaux, ne se soient pas inquiétés d'appliquer une portion du capital qu'ils emploient à ce genre d'entreprise industrielle nommée journal, tant que les révolutions n'ont menacé que les gouvernements. Mais désormais c'est l'industrie, c'est le travail et le capital lui-même qui sont en péril, et en péril principalement par l'action quotidienne de ces feuilles légères qui sortent de la mécanique du journaliste.

» Le commerçant, l'industriel, le banquier ont donc un intérêt pressant, immédiat, à s'emparer du journalisme, à l'organiser, à le régénérer, à le constituer en harmonie avec les besoins de notre société pacifique et laborieuse.

» Nous avons fait depuis un an un tour de force. Réduits aux ressources misérables que nous possédions ou que nous obtenions de quelques amis, nous avons introduit au milieu des esprits d'élite que nous avons touchés, la conscience qu'il y a une politique nouvelle et pratique qui peut sauver la société et les gouvernements du cataclysme que tout le monde entrevoit dans un avenir prochain.

» Cette politique était à l'état d'instinct dans notre cœur comme dans le vôtre. Notre frottement quotidien avec les hommes, les affaires et les événements, nous a permis de l'éclaircir, de la préciser. Certes le travail de cette année est très-important, mais il n'aura toute sa valeur que si un homme d'affaires en fait une affaire, une grande et belle affaire politique et sociale, aussi bien qu'industrielle.

» Je ne tiens, vous comprenez bien, ni au journal le *Crédit*, ni à son acte de société, ni même au titre que je crois bon cependant. Nous avons moins fait, cette année, un journal que des journalistes. Enfantin et moi, nous nous sommes formé l'esprit et la plume, et nous avons, je le répète, éclairé, précisé la politique qu'un journal, tel que je le conçois, devrait poursuivre avec l'influence et la force que donne le capital.

» En réfléchissant donc à l'idée que je vous soumets, laissez votre esprit courir en liberté.

» Le point essentiel, c'est l'œuvre à faire pour sauver la société industrielle des excès de la réaction aussi bien que de la révolution ; pour amener le désarmement, pour délivrer les peuples (qui ont tant d'intérêt à ce qu'on désarme au moral et au physique) des chaînes du journalisme actuel. L'œuvre à faire, c'est un journal plus riche, mieux achalandé, mieux rédigé, mieux inspiré, plus complet et meilleur marché que tous les journaux.

» Donnez-vous carrière ! Taillez dans le grand ! C'est le grand seul qui est le possible. Vous auriez bien trouvé un capital de deux cents millions pour le chemin de fer de Saint-Pétersbourg à

Moscou, et vous n'auriez pas trouvé cinq cent mille francs pour unir deux bourgs dans l'intérieur de l'empire.

» C'est la même chose en fait de journalisme, on ne trouvera aujourd'hui que le capital capable de réaliser quelque chose d'assez grandiose pour donner conscience à la société européenne qu'elle peut en espérer de grands résultats.

» Dans mon opinion, c'est là qu'est le joint de toutes les grandes opérations prochaines et futures.

» La première de toutes les opérations doit être de donner aux gouvernements et aux sociétés l'assiette qui leur manque. Le monde du travail et des travailleurs ne sera en équilibre que lorsqu'il existera un organe formant à la fois un centre d'élaboration pour le travail et un lien entre les travailleurs, exprimant les vœux et les besoins des sociétés, et inspirant leurs actes aux gouvernements; un journal qui prépare dès aujourd'hui le grand mouvement électoral français de 1852, mouvement qui, selon son résultat, est destiné à affermir ou bouleverser l'ordre européen.

» Tout ce queje vous dis là à la hâte me préoccupe beaucoup, parce que je sais que vous possédez toutes les qualités pour devenir le fondateur d'une entreprise pareille; littérateur quand vous voulez, commerçant, homme pratique et homme du monde, personne ne peut mieux apprécier que vous la valeur pratique et opportune de cette idée.

» Un mot encore.

» Nous avons conquis personnellement, Enfantin et moi, Enfantin surtout, une position considérable comme journalistes, le *Crédit* a grandement contribué à faire aboutir le message du 31 octobre ; il sera l'inspirateur de tous les développements, j'en ai la conviction.

» Mais c'est l'influence de l'esprit pur.

» Si l'on apprenait dans le monde politique qu'Enfantin et Duveyrier, après avoir rédigé pendant un an le *Crédit*, ont déterminé la fondation d'un capital d'un million pour donner à leur politique le moyen de se substituer à la politique nauséabonde des vieux journaux, je puis vous affirmer que cette politique pèserait d'un poids immense sur les pouvoirs constitués, et que vous arriveriez prochainement au désarmement des puissances germaniques, par le seul procédé pratique qui est le désarmement préalable de la République française.

» Si vous étiez avec nous, mon cher Dufour, j'ai idée que nous ferions cette affaire-là ensemble, comme nous avons fait le chemin de Saint-Pétersbourg. Enfin vous avez lu le *Crédit*, comme j'ai lu dans le temps votre dossier de notes et de correspondances. Donnez-moi votre avis comme je vous ai donné le mien. — CH. DUVEYRIER. »

Le 8 février, jour anniversaire de sa naissance, Enfantin écrit à ses amis de Lyon dont l'opposition persistante, à l'endroit du *Crédit*, le contrarie vivement sans refroidir ses vieilles affections :

« Voici mes cinquante-quatre ans ; je vous embrasse ainsi que vos familles...

» Je soutiens toujours que si vous aviez compris qu'il s'agissait, dans l'affaire du journal, de *commanditer mon avenir politique*, non-seulement je n'aurais pas eu tant d'ennuis avec d'autres, mais vous seriez parvenus à cette fin, comme on a commandité autrefois l'avenir de B. Constant et de Manuel, comme Exelmans, Laffitte et Périer avaient compris ce rôle de commanditaire (pour *le National*) ; et Laffitte l'avait même étendu jusqu'à prêter au duc d'Orléans; je serais bien surpris si Fould et Rothschild n'en avaient pas fait autant depuis. Je ne parle pas des Américains pour Lafayette, quoique leur million ne leur ait pas été inutile pour rattraper leurs vingt-quatre millions de la loi *Broglie*.

» P. ENFANTIN. »

Cette persévérance du maître ne pouvait vaincre la persistance d'amis convaincus que le *Crédit* allait dévorer rapidement la fortune renaissante d'Enfantin, et Enfantin de leur répondre :

« C'est vraiment trop fort que vous ayez espéré nous empêcher, Duveyrier et moi, de nous ruiner!! ça nous est déjà arrivé une fois, dont nous ne nous repentons pas. Vous n'avez empêché ni la rue Monsigny, ni Ménilmontant, ni toutes leurs *folies ;* vous n'empêcherez pas le *Crédit* tant qu'il DEVRA durer, et IL DOIT *durer jusqu'à ma dernière chemise,* S'IL LE FAUT.

» Relisez donc un peu votre Saint-Simon :

« Il y a quinze jours que je ne bois que de l'eau et ne mange que du pain... »

» A vous. — P. ENFANTIN. »

Au milieu de mars, il revient à la charge pour combattre les appréhensions vives et profondes qu'on ne cesse de lui exprimer sur la perte de son *petit capital :*

« Holstein est-il bien sûr, dit-il, que je place plus mal mon petit capital que vous ne placez les vôtres? moi, je crois que les capitaux sont d'autant plus exposés qu'ils sont plus gros.... Certainement, il y a vingt ans, notre socialisme n'était pas très-menaçant pour le capital, pour l'héritage, pour le *retournement d'omelette* que Saint-Simon annonçait *en buvant de l'eau et en ne mangeant pas d'omelette*. Mais depuis 1830, notre pauvre petit socialisme est devenu un fort gros socialisme, pas trop beau, *mais* assez mauvais garçon, n'entendant pas comme nous raillerie et moins disposé à recevoir des coups et à aller chercher la banque du peuple en Californie, que nous ne l'étions, moi le premier, à poursuivre l'affranchissement de la femme et du travailleur en Egypte et en Algérie.

» J'ai cru et je crois encore qu'il y aura un moment où le capital viendra nous trouver pour nous demander de l'aider à faire des transactions beaucoup plus importantes que celles que j'ai faites, en 1845, avec Rothschild, Hottinguer et Laffitte; des transactions, non pas seulement industrielles, mais politiques, que dis-je, SOCIALES! — P. ENFANTIN. »

Mais la réalisation de cette prophétie devait être précédée de luttes et de crises ayant bien remué les entrailles du vieux monde pour en faire sortir le bon socialisme, seul capable de mettre fin aux manifestations effrayantes du socialisme *pas trop beau et assez mauvais garçon*.

L'état de crise était permanent alors. En mars, la réaction, remontant au delà de 89, avait déclaré que la société française ne serait rétablie sur ses véritables bases que lorsqu'elle aurait étouffé le *rationalisme, père du socialisme*, et reculé jusqu'au xve siècle; et elle avait en conséquence ouvert officiellement aux jésuites les portes de l'enseignement. En mai, c'était au suffrage universel qu'elle s'attaquait pour le mutiler, sans prévoir qu'elle préparait ainsi l'instrument de sa propre ruine. Parmi les adversaires qu'elle rencontra, on distingua un théoricien socialiste, de Flotte, dont la parole jeta tous les partis dans l'agitation et la perplexité. « Voici, écrivait Enfantin à Arlès, le 26 mai, un discours de de Flotte qui met tout le monde sens dessus dessous, et qui est une fameuse justification et récompense du métier que nous fesons. Les myopes de la montagne, à commencer par Lamennais et Michel de Bourges, sont furieux, et les aveugles de la bourgeoisie se troublent et tremblent plus que jamais. Voyez leurs journaux d'aujourd'hui, comme ils sont déroutés et dévoyés..... »

Partant de là, Enfantin reprend son plaidoyer quotidien, ou pour mieux dire sa prédication journalière, en faveur du *Crédit*, qui est pour le moment son unique organe, son verbe apostolique.

« Notre renouvellement du 15, dit-il, s'est encore assez bien fait, mais je voudrais plus pour celui du 1er juin. Nous allons prier quelques amis de faire circuler nos listes de souscription avec Cavaignac en tête. Nous aurons toute la nuance Grévy, et surtout beaucoup d'hommes en dehors de l'assemblée qui reçoivent un très-bon coup de fouet de la discussion actuelle... Comme je l'écrivais à Corrèze hier, la rue de la Victoire m'inspire plus peut-être que de raison, mais il y a quelque chose au-dessus de la raison, et cela pourrait bien être çà. Il faut bien que je vous prouve à vous-même, autant qu'à Paulin (Talabot) qui ne se rappelle pas que Guizot, Thiers, Rémusat, Vitet, etc., ont été journalistes, que la presse est l'*épée* de nos jours, comme la vapeur en est le *canon*. Si je n'étais pas administrateur de chemins de fer et journaliste, je serais vous ou Paulin, mais je ne serais pas moi ; je serais Bertin ou Véron, mais je ne serais pas moi...

» P. Enfantin. »

L'apôtre pouvait être méconnu dans le tourbillon du vieux monde, mais sans se méconnaître jamais lui-même, sans perdre un instant le sentiment de la puissance de son idée, de sa volonté, de sa mission.

Il est vrai qu'à cette époque (au milieu de l'année 1850), son activité apostolique, spécialement appliquée à faire vivre longtemps et circuler le plus possible le *Crédit*, patroné par Cavaignac, recherché comme asile par Marrast et trouvé admirable par Lamartine ; il est vrai que cette activité inépuisable ne devait pas obtenir le résultat prochain qu'espérait Enfantin pour assurer la longévité de son journal. Mais cet insuccès matériel qu'il put prévoir en juillet, lui laissait la plénitude et la vivacité de sa foi religieuse, l'assurance et la sérénité d'un prophète qui voyait, comme Saint-Simon son maître, l'*âge d'or devant lui*. Il écrivait alors à Lamartine, en Orient (juillet 1850) :

« Cher et illustre ami,

» M. Amable Maillé qui vous remettra cette lettre est le fils d'un de mes plus anciens camarades d'enfance. Il est si heureux de penser qu'en faisant son beau voyage d'Orient, il pourra vous y porter mon bon souvenir, mes vœux pour votre santé, mon espoir d'un prochain retour dans des circonstances plus heureuses et plus dignes de votre présence, que je me suis fait un plaisir de lui donner ce moyen d'accès auprès de vous.

» Vous savez que je fais souvent des rêves presque toujours trop beaux pour être réalisés aussitôt que je le voudrais, mais nous croyons, vous et moi, à l'éternité ; or, il y a déjà longtemps que j'avais rêvé que nous nous verrions en Orient; ce sera peut-être pour une autre vie. Toujours est-il que je me mets par la pensée et surtout par le cœur, dans la pensée et dans le cœur du jeune homme qui va saluer, après cette terrible tempête de Février, le pilote naufragé, recueilli par la grande hospitalité musulmane, *Ubi Troja fuit.*

» C'est un vrai pèlerinage qu'une pareille visite pour un jeune homme qui a du cœur ; c'est peut-être une vie nouvelle que je lui fais, en lui donnant le moyen de toucher respectueusement la main à qui Dieu a donné la force, en un moment, de soulever et de calmer le monde, et qui se repose fatiguée, mais non brisée de cet effort gigantesque.

» Reposez donc, cher ami, cette noble main, tandis que j'en suis sûr, votre génie travaille plus grandement que jamais.

» Vous êtes près des ruines des antiques cités païennes et près des ruines amoncelées sur elles des premières Églises du christianisme naissant. Vous nous avez laissés dans les décombres de la Rome papale et, selon ma foi profonde, près du berceau du christianisme transfiguré, c'est-à-dire près de l'amour chrétien politiquement réalisé, près du royaume de Dieu devenant royaume de ce monde, près de Dieu incarné, non plus dans l'homme seulement, mais dans tous les hommes, sur les fondations de cette Jérusalem nouvelle qui doit succéder à notre

Babylone, sur la route qui conduit à la cité de Dieu, dont vous-même avez ouvert la porte au peuple, en février.

» Vous songez à nous, j'en suis sûr, et vous vous préparez à dire, aux hommes que le christianisme a moralement affranchis et auxquels février a donné politiquement la liberté, comment ils doivent s'associer dans la cité et communier dans le temple, afin de dégager du socialisme et du communisme ce Dieu charitable, populaire, humain, qui vit en eux et qu'eux-mêmes si souvent méconnaissent, ce Dieu inconnu qu'ils cherchent au moins, tandis que l'égoïsme de notre monde corrompu le repousse; ce Dieu de travail et de paix dont votre religieuse bouche a toujours annoncé aux peuples la venue, et que les voix discordantes des Thiers, des Broglie, des Guizot, des Molé, ont toujours nié et blasphémé.

» Songez à nous et aimez la France quand même.

» A vous de cœur. — P. ENFANTIN. »

A ce moment, le *Crédit* touchait à sa fin. En août, il avait cessé de paraître, et Enfantin écrivait à l'un de ceux qui n'étaient ni surpris ni affligés de cette disparition :

« Paris, 20 août 1850.

» ... Il est tout simple, je dirai même juste, que dans une société arrangée de telle sorte, par les joueurs, tripoteurs et usuriers qui la gouvernent, qu'on puisse y perdre en un an onze cent mille francs; il est tout simple, dis-je, que d'autres puissent, dans cette même société, gagner trois cent mille francs et même plus dans un an; mais l'un est aussi absurde et immoral que l'autre, en vue d'une société qui ne serait pas organisée par des danseurs de corde et des croupiers, en vue de la société que nous rêvons vous et moi, et à la venue de laquelle nous avons fait vœu, de sacrifier notre temps, notre intelligence, notre fortune, notre vie. Mon temps, mon travail, mon argent, ma santé y ont été livrés sans réserve, à deux ou trois reprises, comme Saint-Simon l'avait fait lui-même. Saint-Simon a eu le malheur de ne pas pouvoir faire croire à Laffitte, à Ternaux, à Ardoin, qui pourtant, en définitive, *payèrent l'imprimeur*, que tous ces gigantesques efforts du génie, pour leur soutirer quelques billets de mille francs, produisissent quelque chose. Chacun de ces messieurs trouvait que M. le comte de Saint-Simon était homme d'esprit, fort original, et que ce grand nom faisait d'ailleurs assez bien au salon; mais si on leur avait dit qu'en 1848 le préambule de la constitution et son article 13 seraient ce qu'ils sont, ils auraient ri, eux qui entendaient chaque jour Saint-Simon leur seriner cette politique.

» Saint-Simon a employé des formes admirablement adaptées à la nature des esprits et des corps qui devaient le développer. Vous ne voulez pas croire que Dieu m'ait doué d'une faculté semblable, vous avez tort, mille et mille fois tort, vous en reviendrez très-certainement, cher ami. C'est à cause de ces formes, qui sont écrasantes pour des hommes tels que nos superbes routiniers de la bourgeoisie, que Lhabitant est devenu en un instant beaucoup plus extraordinaire que ne l'a été en ses plus beaux jours M. C...

» Dieu! que nous avons perdu de temps à discuter!

» Réforme administrative, crédit foncier, banques, comptoirs, sous-comptoirs, et en général des questions dont nous avons donné des solutions dans le *Crédit*, sont des semences qui ne prospèrent pas en toute terre; il faut qu'elles tombent juste sur celle qui leur convient. Qui sait si la destinée du *Crédit* n'a pas été de les faire germer dans les têtes administratives? Soyez sûr que ces républicains, qui n'ont pas voulu donner cent mille francs en dot à Marrast pour le marier avec moi, ont toutefois du saint-simonisme et de moi une opinion tout autre que celle qu'ils en avaient il y a trois ans.

» P. ENFANTIN. »

Les amis répondaient qu'il était fort regrettable que le maître, dans sa haute prévoyance, n'eût pas prévu et prévenu ce qu'ils avaient jugé eux-mêmes inévitable.

« Vous savez si bien, répliquait Enfantin, ce qui est sorti du *Globe* de 1830 (le socialisme révolutionnaire de 1848) que vous devriez au moins pressentir ce qui sortira du *Crédit* de 1850 (le socialisme organique et religieux [1]). Malheureusement,

1. La nécessité de distinguer le socialisme religieux du socialisme révolutionnaire se faisait tellement sentir à cette époque, au milieu des attaques violentes et journalières dont les socialistes de toutes les nuances étaient l'objet dans le sein de l'assemblée législative, que l'un des plus anciens disciples d'Enfantin, Laurent, membre de cette assemblée, en voyant confondre sans cesse le bon socialisme qu'il professait depuis vingt-cinq ans, avec l'individualisme outré dont Proudhon était le plus remarquable athlète, crut devoir, dans un discours contre la loi Falloux, introduire la digression suivante :

« Sachons donc, messieurs, dit-il, chercher la définition du socialisme ailleurs que dans le vocabulaire et dans la polémique des partis. Demandons-la à la froide raison, et voyons, en peu de mots, très-succinctement, ce que peut être, devant la philosophie et devant la loi, le socialisme considéré d'une manière abstraite, et en dehors des formes plus ou moins effrayantes, des sysèmes plus ou moins dangereux que peuvent imaginer des penseurs isolés. »

il est évident que vous avez été et que vous êtes toujours convaincu qu'il n'en sortira rien du tout.

» Vous pouvez pourtant considérer comme certain que dès qu'il ne s'agira plus de *rétablir une monarchie*, mais de fonder une démocratie, et nous n'en sommes pas loin, le *Crédit* aura déjà dressé plus d'hommes capables de fonder, que le *Globe* n'en avait enfanté de capables d'enfoncer, en 1848, la boutique de Robert-Macaire.

» Vous déplorez que je n'aie pas voulu voir plus tôt ce que tout le monde voyait, l'impossibilité de

» Dans la philosophie, deux principes sont en présence : le socialisme et l'individualisme. Là où domine le principe socialiste (car le socialisme a existé, selon moi, dans l'état normal des sociétés et à toutes les époques de foi, seulement le socialisme, comme toutes les institutions humaines, a subi la loi du progrès; mais ce n'est pas le moment d'examiner cette question), je dis que, là où règne le principe socialiste, la société ne reste pas un instant étrangère au sort d'aucun de ses membres. Elle les prend au berceau, elle les accompagne dans la vie, elle les conduit à la tombe, et les suit même au-delà par une sollicitude qui embrasse l'infini ; elle donne l'éducation à l'enfance, le travail à la virilité, le repos à la vieillesse, l'espérance à la mort; partout présente et partout agissante, elle procure à tous les âges le pain de l'âme et le pain du corps, la volonté et la puissance du bien, la moralité et le bien-être, et pour couronnement à cette prévoyance incessante, la promesse, l'investiture de l'éternité! voilà ce que peut être aujourd'hui le socialisme. (*Interruptions diverses.*)

» *A droite* : Mais non; c'est la religion.

» M. Laurent (de l'Ardèche) : A mon point de vue, il n'y a point de vrai socialisme sans religion; ce que j'ai dit sur l'é-

faire vivre par ses abonnés, ou par des *dévoués* nombreux, un journal dont *la sagesse et l'élévation* ne s'adressaient qu'à un public excessivement limité.

» Telles sont vos paroles ; mais je n'ai jamais cru, ni aux abonnés *nombreux*, ni aux dévoués *nombreux*. Le *Globe* s'est donné pour rien et a vécu seize mois, le *Crédit* est mort avec plus d'abonnés que n'en avait jamais eu le *Globe*, et il a vécu vingt et un mois. Le *Globe* et ses appendices nous ont coûté plus d'un million ; le *Crédit* cent quatre-vingt mille francs seulement.

ducation prouve que je ne puis voir le socialisme sans religion.

» M. HOVIN DE TRANCHÈRE : C'est le christianisme !

» M. LAURENT (DE L'ARDÈCHE) : Ce que je dis est dans la limite de la philosophie religieuse et n'implique aucun jugement sur telle ou telle croyance particulière. Je crois que le socialisme s'est occupé et doit s'occuper non-seulement de protéger l'homme en cette vie, mais de l'en faire sortir avec l'espérance.

» *Un membre :* C'est le christianisme cela !

» M. LE PRÉSIDENT. Chacun lui donnera le nom qu'il voudra, laissez parler l'orateur !

» M. LAURENT (DE L'ARDÈCHE) : Je crois, je le répète, que je reste dans les limites de la philosophie religieuse.

» Là où règne l'individualisme, au contraire, la société dit à » chacun de ses membres : le hasard a présidé à ta naissance, » le hasard présidera à ton éducation, le hasard seul t'accompa- » gnera dans la vie, le hasard te suivra jusqu'à la tombe, et là » encore ce sera lui qui présidera à ton choix entre le néant et » l'immortalité. »

« Voilà l'individualisme ! » (*Moniteur* du mercredi, 6 février 1850).

» Ne déplorez donc pas trop ma persistance de vie jusqu'au moment où j'ai pu enfoncer, dans cette coque de ma chrysalide, les inventeurs de la république (Cavaignac et Marrast, etc.) avec l'inventeur du socialisme et son fidèle compagnon, moi et Charles, le chevalier de la femme et son écuyer, toujours berné par les mécréants, mais conservant son inaltérable philosophie. — P. Enfantin. »

A travers les préoccupations qui lui venaient de la politique intérieure et de la cessation du *Crédit*, Enfantin continuait soigneusement sa correspondance au dehors pour l'affaire de Suez. Le 22 août 1850, il mandait ce qui suit à M. Dufour-Féronce à Leipsig :

« Arlès m'a fait passer votre excellente lettre à Starbuck dont j'envoie copie à Talabot. Je crois que le moment approche où le gouvernement français, dans la personne du président Napoléon, devra être saisi de l'idée dont il s'emparera comme d'une *relique*, si, d'ici là, on en parle, en Allemagne ou en Angleterre, de manière à ce que cela lui revienne ; il me paraît donc que vous ferez bien de chercher l'occasion d'en parler très-sérieusement à Persigny qui a l'avantage de connaître l'Égypte et qui a même fait un ouvrage assez original sur les Pyramides et sur leur utilité comme agent mécanique sur le mouvement des sables. Il faudrait aussi que Stephenson fit une démonstration quelconque, privée ou publique, qui pût retentir à l'Élysée, et y signaler l'existence de nos travaux d'études. En un mot, il faudrait faire *désirer* de *connaître*, avant d'aller *offrir* directement de *montrer*. — P. E. »

Le lendemain, il écrit sur la même question à son collègue de Londres, M. Starbuck :

« Paris, 23 août 1850.

» Mon cher collègue,

» M. Dufour m'a communiqué l'excellente lettre qu'il vous a écrite au moment où je lisais, dans nos journaux, la convention signée le 19 avril à Washington entre la Grande-Bretagne et les Etats-Unis, au sujet des communications à travers l'Isthme de Panama.

» Les termes de cette convention sont tellement applicables à notre affaire de Suez, que nous aurions à nous reprocher de ne pas profiter de cette heureuse circonstance, pour faire auprès de nos trois gouvernements (Angleterre, Allemagne et France) des démarches utiles.

» L'Égypte et Suez sont des noms qui éveillent tant de souvenirs auprès du président de la République française, qu'il n'est pas difficile d'appeler son attention et d'exciter sa sollicitude de ce côté.

Mais ceci ne serait qu'une démarche stérile et peut-être même facheuse, si c'était un fait isolé, purement français, et qui serait pris nécessairement pour une fantaisie napoléonienne. J'ai écrit à Dufour de faire en sorte que cette excitation à l'Élysée vienne d'Allemagne, par l'influence d'hommes d'État de ce pays sur M. de Persigny, ministre de France, ami du président, qui a l'avantage de connaître l'Égypte et qui a même fait un ouvrage assez curieux sur l'utilité présumée des pyramides.

» Mais tout ceci encore ne sera rien, si le mouvement réel ne part pas de l'Angleterre et n'est pas imprimé par M. Stephenson. J'espère qu'il jugera que le moment est venu de placer sur le terrain pratique des affaires, cette grande question qui renferme la plus grande évolution commerciale que puisse éprouver le monde.

» Lord Palmerston, quoiqu'en dise Dufour, et peut-être même à cause des critiques qu'il fait de sa politique, me paraît précisément l'homme qui doit mettre au jour cette question *révolutionnaire*.

» La convention pour Panama pose des principes qui obligent pour ainsi dire le gouvernement anglais à ne laisser aucun prétexte pour que l'on continue à penser et à dire qu'il est l'obstacle aux désirs de l'Europe d'avoir enfin la véritable route de l'Inde.

» Le jour où M. Stephenson se serait entendu sur ce point avec lord Palmerston, je crois que la *constitution financière* de notre société se ferait immédiatement, et que les démarches diplomatiques préalables, nécessaires pour arriver à *exécution*, seraient d'une facilité extrême.

» Vous savez combien les dispositions sont déjà favorables en Autriche, en Russie et dans les États du Rhin. Quant aux dispositions de la France, elles ne sauraient être douteuses, et autant nos capitaux se refusent en ce moment à toute entreprise purement française, autant on les verrait désirer de s'associer à une œuvre commune aux grandes nations, à une œuvre qui serait de toutes manières une garantie de la paix et du retour général des affaires.

« Transmettez je vous prie à M. Stephenson mes vives instances pour qu'il prenne en main vigoureusement cette superbe affaire qui doit couronner glorieusement sa carrière déjà si glorieuse. Je suis convaincu que le moment est des plus propices, et serais bienheureux s'il le saisissait avec sa puissante habileté. Votre bien dévoué. — P. Enfantin. »

Enfantin quitta Paris en septembre et fit un

voyage dans le midi où il rencontra un député légitimiste qui lui résuma ainsi ce qu'il y avait à faire pour le moment : — *Notre politique et votre économie politique.* — A quoi Enfantin ajoutait, dans une lettre à Arlès : « C'est toujours ça. J'en conclus qu'ils aideront *notre économie politique ;* c'est tout ce qu'on peut leur demander. »

Mais cette économie politique restait sans organe régulier depuis que le *Crédit* avait cessé de paraître. Lhabitant, sous l'inspiration d'Enfantin, créa une revue hebdomadaire qui s'appela : *la Politique nouvelle*. Le saint-simonisme eut encore sa chaire pour quelque temps. Enfantin disait espérer toujours l'affermissement du régime républicain, et il comptait pour cela sur les élections de 1852, lesquelles, à son avis, devaient ramener au pouvoir les patrons politiques du *Crédit*, ceux qu'il avait appelés les *inventeurs de la république.*

« Vous avez peu compris mon rapprochement de Cavaignac, écrivait-il le 14 novembre 1850 à Arlès, et pas du tout celui qui a eu lieu, à propos de Marrast, avec toute la vieille république ; vous ne comprenez pas mieux mon contact par Lhabitant et sa revue, avec de nouveaux républicains tels que Grévy et d'anciens conservateurs tels que Lhabitant lui-même, et qui veulent le maintien de la république..... Les hommes dont je me suis rapproché depuis 1848 seront en 1852 ce qu'ont été Lafayette en 1830, Dupont de l'Eure et Arago en 1848, ce seront les aspirations du peuple à l'État sénile, mais ce seront ses aspirations..... Quand bien même des socialistes, même alors, tels que Louis Blanc ou même Proudhon, reparaîtraient sur la scène politique, soyez sûr qu'ils y seraient précédés et dominés par des hommes comme Cavaignac, Lamoricière, Grévy, et par votre serviteur, si les événements le poussent à se mettre en ligne d'ici là. Songez donc que ce sont déjà Lamartine, Dupont de l'Eure et Arago qui ont écarté les enfants terribles du socialisme..... Ce serait bien le diable s'il n'y avait pas aussi à les mettre en pénitence en compagnie des enfants terribles de l'autre bord. — Appelez-moi si vous voulez Lafayette, ce qu'il y a de certain c'est que je suis au socialisme ce que Lafayette était à la république, *sauf le cheval Blanc.*

» A vous, vieux. — P. ENFANTIN. »

XLVII

(1851)

Les événements ne devaient pas justifier les espérances d'Enfantin sur les hommes dont il s'était rapproché dans l'intérêt de ses doctrines, et auprès desquels il n'avait rencontré que le vide, selon l'expression dont il s'était servi, dans sa lettre à Barrault, à l'égard de Lamoricière. Mais il n'en persistait pas moins à s'efforcer de faire pénétrer ses aspirations sociales dans le personnel des pouvoirs politiques. C'était toujours l'apostolat, à l'adresse des grands et des puissants, commencé à la mort d'Hoart et pratiqué avec plus de persévérance que de succès envers des princes qui s'étaient trouvés n'être que des Bourbons; apostolat qui ne pouvait guère mieux réussir envers des chefs révolutionnaires qui n'avaient rien su voir au delà des formes républicaines. Enfantin était bien convaincu d'ailleurs que toutes les défaillances auxquelles il pouvait se heurter ne prévaudraient jamais sur la puissance progressive dont l'humanité a reçu le don divin, et que si les anciens princes et les nouveaux tribuns en qui il avait successivement placé sa confiance trompaient tous également son espoir, la Providence aurait certainement déposé en d'autres mains le germe des sympathies de la puissance publique pour le *bon socialisme* [1], c'est-à-dire les éléments

[1] C'est un illustre et infortuné prélat, l'archevêque de Paris, M. Sibour, qui fit, en 1851, la distinction du *bon* et du *mauvais socialisme,* afin de pouvoir légitimer le premier, dans un mandement épiscopal dont Laurent rendit compte dans la *Politique nouvelle*.

d'une force politique favorable à l'amélioration morale, intellectuelle et matérielle de la classe la plus nombreuse et la plus pauvre.

Cette conviction du maître était partagée à coup sûr par ses disciples ; mais quelques-uns pressentaient déjà et lui disaient que ses espérances, fondées sur les inventeurs de la république, seraient trompées, et l'un d'eux, le franc parleur de ses correspondants, lui écrivait dans les premiers jours de janvier, au moment où le commandement général des forces militaires de Paris, exercé par le général Changarnier, venait d'être supprimé par un acte présidentiel : « La bonne velléité impériale du président a mis tout le monde en émoi, excepté moi ici du moins. Quand je vois ces réveils du président, je ne puis m'empêcher d'espérer qu'il a mission d'enterrer le parlementarisme. » Pendant que les événements se déroulaient de manière à justifier de plus en plus les prévisions d'Arlès, Enfantin continuait de s'occuper activement de la revue hebdomadaire qui avait succédé au *Crédit*, et aussi de la grande œuvre dont il avait pris l'initiative depuis vingt ans, le percement de l'isthme de Suez. Le 12 mai 1851, il écrivait à M. Dufour, à Leipzig :

« Mon cher Dufour, je n'ai reçu de notre collègue M. Stephenson aucune communication officielle sur son voyage en Égypte, mais j'ai tout lieu de croire que les bills publiés depuis son retour sur les résultats de ce voyage sont vrais, c'est-à-dire qu'il a travaillé pour l'exécution d'un chemin de fer et combattu celle d'un canal; c'est-à-dire encore qu'il a fait précisément le contraire de ce que nous nous sommes tous proposé en formant la société dans laquelle pourtant il s'est associé avec nous.

» Talabot qui avait eu avec Stephenson, au passage de celui-ci à Paris, un court entretien, très-peu explicatif, vient de lui écrire pour lui faire sentir la nécessité et la convenance d'une explication officielle avec notre société. Je pense qu'il serait bien si d'ici à quatre ou cinq jours vous n'aviez ni lettre de moi ni de Stephenson à ce sujet, non-seulement que vous lui écrivissiez, mais que vous prissiez même, de concert avec nos collègues d'Allemagne, quelques mesures commerciales.

» Les journaux ont dit en parlant de ce nouveau projet de chemin de fer, conseillé par Stephenson et adopté par le pacha, que la Russie protestait à Constantinople contre cette solution donnée à la communication des deux mers. Ce doit être vrai; il ne faudrait pas que la Russie protestât seule; il faudrait que l'Allemagne et surtout l'Autriche joignît sa voix à la sienne.

» Cette nouvelle leçon que nous donnent MM. les Anglais de procéder en affaires, ne surprend aucun de nous ; nous y étions habitués et nous devons nous montrer prêts à nous garantir de ces procédés britanniques, et même à en profiter.

» Vous savez combien nous avons attentivement examiné dans le temps, quand il conviendrait de voir intervenir la Russie dans cette affaire; j'aurais préféré qu'elle y intervînt directement *pour s'associer à nous*, mais si notre collègue Stephenson n'a eu d'autre mérite que de l'y faire arriver *par réaction contre* lui et contre l'*Angleterre*, tâchons d'en profiter.

» Si la Russie a fait une démonstration d'opposition, je crois légitime d'en conclure que le moment est venu de faire arriver cette question dans le domaine de la diplomatie officielle. Nous pensions, avant 1848, qu'elle ne devait y arriver qu'après être passée par le cabinet des banquiers; ce serait une erreur aujourd'hui, et je me féliciterai de l'inconvenant procédé de Stephenson, s'il a pour résultat de nous éclairer sur ce point.

» M. de Bruck n'a pas cru utile de répondre à votre lettre de Lyon ; cela ne doit pas nous empêcher d'appeler son attention sur cette solution anglaise de la question égyptienne. M. de Bruck sait bien que c'est une solution universelle et non anglaise qu'il faut pour que l'Autriche y trouve sa légitime satisfaction des intérêts dont elle a confié la garde à notre honorable collègue, ministre du commerce.

» De son côté, Negrelli a tout sujet d'être blessé d'un procédé que sa loyauté autrichienne ne comprend pas, et qui laisse l'Allemagne et la France en dehors de l'œuvre que le génie européen accomplirait en Égypte par l'influence unique et exclusive d'ingénieurs anglais.

» Il me semble donc que vous et lui avez à prévenir M. de Bruck et à le prier d'intervenir pour que les intérêts de l'Autriche protestent aussi à Constantinople contre cet accaparement dissimulé de l'Égypte par l'Angleterre.

» J'ai toujours espéré, moi qui suis aussi conservateur que novateur (et ce n'est pas peu dire) que l'affaire de Suez ne serait faite que du consentement et sur l'ordre des puissances d'*Orient*, et non pas seulement par la volonté d'un peuple d'*Occident*, ou même de tous les peuples d'Occident. S'il en doit être ainsi, le *Sultan* et le *Czar* doivent évidemment s'entendre avec l'*Empereur*, tandis que le parlement anglais et la république française ne pourraient aboutir qu'à une inutile bataille, semblable à celle de 1840, c'est-à-dire fort ridicule.

» C'est ce qui m'a poussé à toujours vous dire que l'initiative et la direction diplomatique de notre affaire était ou plutôt devait être en Autriche. Quand nous demandions à M. de Bruck de nous entendre, c'était pour lui exprimer cette conviction. Aujourd'hui plus que jamais il serait désirable qu'il en fût pénétré; faites vos efforts avec Negrelli pour l'en convaincre.

» La protestation de la Russie et de l'Autriche aurait pour effet inévitable de porter la question là où elle doit être traitée par toute la diplomatie européenne, à Constantinople; c'est là que l'Autriche doit amener l'Italie, l'Espagne et la France, renforcées de la Russie, de la Prusse et de la Hollande, à vaincre l'égoïsme anglais sur une question qui est vraiment le symbole de la civilisation actuelle du vieux monde tout entier, d'Orient et d'Occident, et dans laquelle l'Angleterre combat les intérêts de tous. — P. Enfantin. »

M. Dufour ne se montra nullement disposé à soutenir quand même la cause du canal contre le chemin de fer préféré par le groupe anglais de la société d'études. Enfantin combattit ce découragément. « Vous me paraissez, lui dit-il, faire trop tôt votre deuil de notre affaire de Suez. Ce n'est pas la première fois que le chemin de fer paraît éclipser le canal, et pourtant le chemin de fer n'est pas fait. Dans le cas même où il se ferait, le canal est tellement inévitable qu'il se fera et peut-être même plus vite après le chemin qu'avant On peut dire ici que ce n'est pas affaire d'ingénieur ou de politique, mais de géographes seulement. Il n'y a qu'à jeter les yeux sur la carte, les politiques et les ingénieurs ont empêché et empêcheront toujours la chose de se faire, mais elle se fera; peut-être, il est vrai, ne se fera-t-elle que parce que les Anglais auront réussi à faire préférer le chemin, mais elle se fera.

» Quoi qu'en pense Talabot, le sentiment de Negrelli est juste. Stephenson *devait* nous prévenir et se retirer de notre société, s'il considère l'exécution du chemin comme contraire au but de notre société. Ou bien, s'il ne croit pas l'une des entreprises destructive de l'autre, il *devait* nous offrir de participer aux avantages qu'il pourrait personnellement retirer de l'exécution du chemin, ne fût-ce que pour rembourser les frais d'études. — P. ENFANTIN. »

Mais des obstacles, plus ou moins prévus, vinrent entraver l'affaire du chemin de fer, Enfantin en prit occasion d'adresser à son associé anglais, M. Starbuck, la lettre suivante :

« 1er octobre 1851.

» Vos nouvelles d'Égypte et vos journaux ont dû vous apprendre les difficultés que rencontre l'affaire du chemin de fer. Je pense que M. Stephenson et vous regretterez le temps perdu à entrer dans cette direction qui ne pouvait aboutir qu'à cet inévitable résultat. Les obstacles que présentent les hommes sont plus difficiles à vaincre que ceux de la nature. Pour ceux-ci, les ingénieurs tels que M. Stephenson n'en connaissent pas d'insurmontables, et vraiment j'ai été bien surpris que le mémoire de Talabot et la visite des lieux faite par M. Stephenson lui aient fait abandonner si facilement et si brusquement le projet pour lequel nous avons formé notre société et qui seul peut réussir, bien entendu si l'Angleterre le veut, car alors l'Europe le voudra. Or, l'Angleterre n'aura pas cette volonté, tant que M. Stephenson ne l'aura pas fermement lui-même.

» C'est cette conviction qui a été le motif de la constitution de notre société en trois groupes, anglais, allemand, français. Il n'y a que l'accord de ces trois puissances qui puisse résoudre cette grande question d'intérêt universel, qui puisse peser également sur l'Égypte et sur la Porte et les forcer à consentir à ce que voudra l'Europe, et non pas l'Angleterre seulement ou la France seulement.

» Reprenez donc, je vous en prie, la ligne que nous nous étions tous tracée en nous associant. Réunissons encore nos efforts pour une communication par canal sans transbordement, et dans des dimensions dignes de la grandeur de l'œuvre. Si, malgré l'opposition de la Porte, M. Stephenson poursuit l'œuvre du chemin et pousse son gouvernement dans cette voie, non-seulement il n'aboutira à rien, mais il aura fâcheusement retardé la vraie solution.

» Dans un mois Talabot sera à Paris, je crois qu'il serait bien nécessaire de vous voir à cette époque. — P. Enfantin. »

Une copie de cette lettre fut transmise à M. Dufour. Mais M. Stephenson, malgré les difficultés à vaincre, persista dans la préférence qu'il avait donnée à la voie ferrée, et Enfantin écrivit, à ce sujet, à M. Paulin Talabot, le 10 décembre 1851 :

« Mon cher ami, la société des études de Suez a dépensé environ 120,000 fr., soit en débours positifs (environ 105,000 fr.), soit en intérêts des sommes employées.

» Ne serait-il pas bien que vous écrivissiez à

M. Stephenson pour lui exposer que si nos études n'ont eu d'autre mérite que de lui démontrer, ainsi qu'il le dit, l'impossibilité du canal, il ne les a pas moins utilisées, comme premier élément de la décision qu'il a prise de faire le chemin, de traiter avec le pacha, et de dissoudre ainsi, par son fait, la société qu'il avait contractée avec nous ; qu'en conséquence il serait convenable, ou qu'il offrît à ses anciens collègues de participer aux avantages d'une affaire qu'il a fondée d'après ce que lui avaient appris nos études, ou à défaut d'acceptation de notre part, d'offrir à notre compagnie le remboursement de ses dépenses, c'est-à-dire pour les deux groupes français et allemand 80,000 fr. ?

» Ceci me paraît tellement de toute justice qu'il me semble impossible d'y trouver une seule objection raisonnable, et que je me croirais obligé, dans l'intérêt des amis que vous et moi représentons particulièrement en France et en Allemagne, d'adresser officiellement, en leur nom, cette demande que je vous prie de soumettre d'abord officieusement à votre ami, M. Stephenson. — P. ENFANTIN. »

Le 22 du même mois nouvelle lettre d'Enfantin à M. Negrelli :

« Mon cher collègue, il m'a été fait ici des propositions pour m'occuper de la formation d'une compagnie soumissionnaire du chemin de fer dit de l'*Italie centrale*, pour lequel une commission internationale a été instituée à Modène.

» Ces ouvertures m'ont été faites par le représentant ou associé de M. G. baron Orcesi di Piacenza qui paraît suivre depuis longtemps cette affaire. — Avant d'y prendre une part quelconque, je serais bien désireux d'avoir quelques mots de vous sur cette entreprise, sur les chances qu'elle peut offrir à des capitalistes français ou anglais, et sur les personnes qui se préparent à soumissionner.

» On m'assure, par exemple, que la maison Mélias de Milan s'est associée à M. Orcesi pour cette soumission, ainsi que d'autres maisons importantes de Milan et de Gênes. Cette compagnie existe-t-elle, de qui se compose-t-elle, y a-t-il des compagnies rivales sérieuses, l'adjudication sera-t-elle une course folle au rabais, comme l'étaient nos adjudications françaises en 1846? Veuillez me dire confidentiellement quelques mots sur ces questions. J'ai vu votre nom parmi ceux des commissaires désignés par les diverses puissances intéressées; je ne vous demande donc que les communications amicales compatibles avec votre position officielle.

» Nos collègues Arlès et Brosset qui sont ici en

ce moment me chargent pour vous de leurs compliments affectueux. Nous avons été aussi surpris et peinés que vous l'avez été vous-même de la direction prise par M. Stephenson dans notre affaire de Suez. Nous ne pouvons croire que M. Stephenson ne comprenne pas prochainement la convenance et même la nécessité de réparer vis-à-vis de notre société le dommage très-réel qu'il lui a volontairement causé. Nous agissons dans ce sens, de concert avec M. Talabot. Je vous tiendrai avisé du résultat de nos efforts. — P. ENFANTIN. »

Durant cette même année 1851, un événement désastreux avait mis un instant en péril la fortune et la vie d'Arlès. Le 31 mars, Enfantin avait été surpris et gravement impressionné par ces quelques lignes de son vieil ami :

« J'ai la douleur de vous prévenir qu'un incendie, qui a éclaté hier au soir à neuf heures, a détruit de fond en comble la maison où j'avais mes bureaux et mes magasins. Malgré la rapidité du sinistre, j'ai pu sauver tous mes livres et mon portefeuille.

» Dieu merci, personne de ma maison n'a été blessé, et les intérêts de mes correspondants ne souffriront pas de ce malheur.

» Votre bien dévoué. — F. ARLÈS-DUFOUR. »

Le lendemain, Arlès reprend la plume pour donner les détails et les résultats du sinistre, et il commence ainsi sa lettre :

« Allah-Kérim ! cher ami. Il ne s'agit que d'argent, et quand je pense que j'ai été enterrré sous des décombres, je ris de ces pertes. Ce qu'il y a aussi de très-heureux, c'est que, selon toutes probabilités, l'émotion terrible de Pauline, d'Adélaïde et de Gustave, qui m'ont dû croire écrasé, n'aura pas de suite.

» Moi-même, je n'ai eu aucune émotion et mon pouls ne s'est pas accéléré, même quand je me suis trouvé enseveli ; c'est ce calme qui m'a donné la force de me relever aussi vite que j'avais été renversé.

» Quant aux pertes, j'espère qu'elles ne dépasseront pas cent cinquante mille francs, sinistre environ 450 mille, assurance 300,000 ; il y a trois semaines j'aurais eu quatre cent mille francs de soie de plus.

» Il y a cependant une quantité de gens fort surpris de me trouver, non-seulement résigné, mais enchanté d'être au monde, et pas ruiné. Il en est aussi qui par devers eux doivent me trouver bien étrange d'avoir défendu à mes employés de s'exposer pour sauver mes meubles et mes marchandises non assurés.

» Cependant, cher ami, je suis on ne peut plus touché des marques unanimes de sympathie, et des offres nombreuses d'assistance pécuniaire que je reçois de mes concitoyens de tout rang.

» Le brave Ogier était avec moi, et le digne Bobard, par respect, n'a pas osé monter; mais il n'a n'a pas quitté la chaîne. — Holstein, Régnier, tous enfin étaient à leur poste. Vous voyez bien que j'ai raison de dire *Allah-Kérim!*

» Arlès-Dufour. »

La réponse à cette lettre porta le cachet de l'homme à côté duquel Arlès avait appris le secret du calme qu'il venait de montrer dans cette terrible épreuve. Elle sera publiée intégralement dans la correspondance.

Cependant, les prévisions politiques qu'Arlès avait manifestées au maître, dès les premiers jours de l'année, approchaient visiblement de leur réalisation. En octobre, Enfantin, au retour d'un voyage qu'il avait fait en Angleterre, écrivait à Holstein qu'il y avait lieu de s'inquiéter d'une crise imminente, tragique en province et comique à Paris, par suite du conflit qui s'aggravait chaque jour davantage entre le pouvoir exécutif et l'assemblée législative. Il pensait que le président, qui ne pouvait plus s'entendre avec la majorité légitimiste et orléaniste, ni même avec les Dufaure et Odilon Barrot, inclinerait bientôt vers les hommes de la gauche, tels que Girardin et Billault, et *mieux encore*. Mais cette évolution, opérée en face d'une assemblée hostile et constitutionnellement omnipotente, ne pouvait pas s'accomplir sans luttes orageuses dont l'issue restait incertaine. Alors l'apôtre, se dégageant du tourbillon qui l'enveloppe et élevant son esprit au-dessus de la mêlée des partis, se hâte de rassurer son ami. « Heureusement, lui dit-il, Dieu préside à tout ce gâchis et en fera sortir ce que nous savons qui doit en sortir. Cette politique apparente n'est pas la politique réelle; Dieu se moque de tous ceux qui se croient *maîtres*. Ceci t'explique pourquoi je suis assez partisan pour le moment de la révélation qui vient des *masses*, de la révélation imprévue, magique, non démontrée, c'est-à-dire inverse de la nôtre de 1830, dont tu te souviens trop exclusivement, et qui n'est pas de saison, *du moins dans la forme*. — P. ENFANTIN. »

Tout se passa en effet, en novembre et décembre, comme Enfantin l'avait prévu en octobre. Le président proposa de rétablir le suffrage universel, et la majorité légitimiste et orléaniste repoussa cette proposition. Un coup d'État suivit de près ce refus, et le président s'empressa de soumettre l'acte suprême, dont il avait pris la responsabilité, au jugement des *masses*, dont la *révélation* ne fut pas moins décisive qu'au 10 décembre 1848.

XLVIII

(1852-1853)

Au milieu des tribulations de la politique, Enfantin se préoccupait toujours vivement des nouveautés financières qui pouvaient le mieux aider le succès des entreprises industrielles (dont il avait tant pressé l'exécution) et dans lesquelles il trouvait d'ailleurs la satisfaction de son vœu permanent, de son désir réligieux, d'améliorer les conditions du travail et le sort des travailleurs. Le 1er juillet, dans une lettre à son vieux camarade Holstein, il disait :

« Arlès me parle d'un bureau que les agents de change désireraient voir établir à Lyon, par la nouvelle compagnie de Lyon à Marseille. Je crois qu'on n'en fera rien. Le comptoir d'escompte rumine quelque chose qui vaudrait bien mieux que cela, ce serait de se charger du service des chemins de fer, comme caisse de titres et caisse d'argent, à Paris et en province. Ce serait la plus belle chose qu'on pourrait faire. Cela ferait pour les compagnies et pour les actionnaires ou porteurs d'obligations, des économies considérables; cela démocratiserait et nationaliserait les titres de chemins de fer; cela serait plus habile et plus puissant pour les finances publiques et privées que ne l'a été la belle invention de M. Louis, les petits et grands-livres. Ce serait si beau et si bon que j'ai peur que cela ne se fasse pas, quoiqu'on s'en occupe réellement beaucoup chez les hommes qui peuvent réaliser cette idée et auxquels j'en parle ou fais parler depuis cinq ou six ans. Notre ancien ami Protais y a bien mordu et y a fait mordre plusieurs autres, surtout Lemaître, Biesta et Pinard. J'y pousse, par Didion, Talabot et Simon, les compagnies. J'espère, qu'outre cela, la force des choses, c'est-à-dire l'accroissement des titres et l'inconvénient croissant du régime actuel de dépôt, de caisse, de payement en province, amènera l'accouchement de cet enfant-là. — Adieu, ami. — P. ENFANTIN. »

C'était l'époque où les efforts d'Enfantin, pour fondre dans une seule société les diverses compagnies des chemins de fer de Paris à Lyon, Avignon et Marseille, venaient d'être couronnés de succès, et cependant l'entrée de l'homme, qui avait tant contribué à cette fusion, dans le conseil définitif de l'administration de cette grande ligne, n'était pas encore décidée. Il y avait des préventions, des rivalités à écarter, et Arlès lui écrivait le 9 juillet : « Je serais profondément affecté, si, pour complaire à M. B. ou à tout autre, vous qui n'avez cessé de vous occuper de cette affaire, vous en étiez évincé. » — Le lendemain, après avoir annoncé à Enfantin qu'il vient d'écrire à un financier parisien, influent dans la compagnie, pour faire sentir l'impossibilité morale d'une pareille éviction, Arlès, dans sa foi inébranlable à la mission du maître, ajoute : « Maintenant, si vous n'en n'êtes pas, c'est que cela vaut mieux. » Quand ce mot parvint à Paris, la décision était prise, Enfantin était nommé membre du conseil définitif de l'administration des chemins de fer de Paris à la Méditerranée, et il fut bientôt après délégué pour représenter cette administration à Lyon.

Son installation, dans cette ville, eut lieu en octobre. Il se trouva par là réuni à ses plus anciens et plus intimes amis, Arlès et Holstein, et à son fils aussi qu'il fit entrer dans le service des chemins de fer, et dont il disait dans une lettre à Holstein : « Arthur est très-content du métier et s'y donne de tout son cœur. »

A Lyon, Enfantin ne s'occupa pas seulement du

chemin de fer, il mit la main aussi à la formation d'une compagnie générale pour les eaux dans les grandes cités de France et pour l'embellissement spécial de celle qu'il habitait. Il avait inspiré, en 1832, à Duveyrier, le plan du *Paris des saint-simoniens;* il contribua, en 1852 et pendant les années suivantes, avec Arlès et d'autres amis, à faire réaliser des projets d'amélioration qui devaient donner à Lyon un aspect tout nouveau. La rue *Impériale* figure parmi les *desiderata* formulés alors dans la correspondance entre le maître et le disciple.

Mais cette sollicitude infatigable pour le progrès matériel restait toujours également active et persévérante dans l'ordre politique. La révélation des masses, à laquelle Enfantin s'était rattaché par anticipation, en octobre 1851, l'avait définitivement éclairé sur l'impuissance du tiers parti à l'avénement duquel il avait cru un instant. Le grand drame napoléonien qu'il rappelait, en 1835, dans sa lettre à Henri Heine, avait laissé dans sa mémoire une trace ineffaçable. Ce drame venait d'entrer dans une phase nouvelle qui, aux yeux d'Enfantin, ne pouvait être profitable à la dynastie des Napoléon et utile à la civilisation universelle, qu'en favorisant les idées et les intérêts pacifiques prédominants dans les sociétés modernes. Ce fut sous l'influence de cette pensée que, peu de jours après la fête militaire du Champ de Mars, où l'aigle avait reparu sur les drapeaux de la France, Enfantin adressa à Laurent la lettre suivante :

« Lyon, 29 janvier 1853.

» Mon cher Laurent,

» Je promettais hier de vous dire ce que l'on pouvait faire avec des épaulettes portées en 1853 par des Napoléons. Si je vous faisais attendre, vous pourriez croire qu'il s'agit pour moi d'envahir la Chine, ce qui serait un peu plus mirobolant que l'Égypte ; il n'en est rien.

» Ce que peuvent faire des Napoléons avec épaulettes en 1853 le voici : ils peuvent désarmer la France et l'Europe.

» Et évidemment cela leur serait fort difficile s'ils ne portaient pas épaulettes, s'ils étaient en pékins. Les troupiers eux-mêmes les appelleraient *socialistes*.

» Voilà ce qu'on peut faire et même ce qu'on devrait faire, en 1853, avec des épaulettes, quand on s'appelle Napoléon ; le fera-t-on ? je voudrais bien en être convaincu, mais au moins je l'espère toujours, et même j'y crois.

» Qu'a-t-on besoin en effet de canon pour faire

trembler l'empereur d'Autriche en Italie, le roi de Prusse sur le Rhin, l'Angleterre en Irlande, et même la Russie en Pologne, et sur les rives du Danube? Depuis 1848, on en sait bien long dans tous ces pays sur la stratégie à l'usage des peuples, bien autrement *habile* et puissante que la stratégie à l'usage des rois. Oui habile, quand cette guerre aura trouvé, comme l'ancienne guerre au canon, son Napoléon.

» Entre nous, il me semble que c'est là l'ambition réelle et fondamentale de l'empereur Napoléon actuel.

» Vous vous rappelez ce que nous racontait Vieillard sur sa conversation avec le jeune prince à Arenemberg, le lendemain de la mort de la reine Hortense. Vieillard faisait une idylle sur le bonheur des champs, et le prince, après l'avoir longtemps écouté, lui dit : « Vous parlez d'or, vous dites tout ce que j'ai dans le cœur, tout ce que je voudrais faire ; mais, voyez-vous, je sens là que j'ai une mission : laver la France des affronts de 1814 et 1815, et laver la mémoire de mon oncle du désastre de Waterloo et du martyre outrageant de Sainte-Hélène.

» Une fois lancé sur ce noble coursier, ajoutait Vieillard, il n'y avait plus moyen de l'arrêter.

» Et aujourd'hui il y a bien encore quelques petits affronts personnels et nationaux à ajouter aux affronts de 1815; je suis donc bien convaincu, comme tout le monde d'ailleurs, que Louis-Napoléon sent cela mieux que personne; mais je suis convaincu aussi qu'on se trompe quand on pense que ce sentiment pourrait le conduire à tenter l'essai d'une seconde représentation d'Austerlitz et d'Iéna.

» Au lever du rideau le parterre sifflerait.

» Kossuth n'est pas mort, Mazzini vit encore. L'illustre Manin, le non moins illustre Gioberti, quelques têtes carrées et fortes des bords du Rhin, et même beaucoup de mauvaises têtes françaises qui grondent en Suisse et en Angleterre, tout cela vaut une artillerie, fût-elle à la Paixhans.

» Quoique Louis-Napoléon ait fait un fort bon ouvrage sur la vieille artillerie, je le crois beaucoup plus fort dans cette artillerie nouvelle qui prend les passions humaines pour éléments de sa foudroyante puissance.

» Vous savez que je me suis toujours refusé à ne voir qu'une pensée dynastique dans son affection pour son cousin. J'ai toujours pensé qu'il lui savait gré d'avoir maintenu le nom de Napoléon dans les rangs de la démocratie, et de s'être abstenu de toute alliance politique avec les partisans du passé, pendant que lui, au contraire, était obligé de compter avec tout le moude sans distinction de parti, selon les exigences du temps et les nécessités de sa position suprême.

» Entre nous encore, je ne crois pas que l'empereur déteste les hommes qui, en Italie, ont combattu les abominations des gouvernements de Naples, de Rome et de Milan, qui, en Allemagne, ont forcé l'empire d'Autriche à se réveiller de sa longue léthargie, et la Prusse à comprendre que c'était folie de compter sur son roi mystique.

» Ajoutez qu'il est d'ailleurs trop français pour ne pas sympathiser avec la misérable Irlande et avec la malheureuse Pologne, et qu'il est trop habile politique pour ne pas savoir ce que pèsent ces boulets aux pieds de la reine Victoria et du czar.

» Dans cette situation de la France et de la famille Napoléon en Europe, est-il possible que l'empereur songe à enfourcher une pièce de 8 ou de 12, à partir pour l'armée de la guerre, à conquérir des lauriers avec des guerriers, des succès avec des Français, et de la gloire avec des victoires? Encore une fois, ce serait fou, et nul n'a le droit de le croire fou, surtout depuis le 2 décembre, et même un peu avant, je dirais presque *beaucoup* avant.

» Désarmer est mille et mille fois plus habile, car c'est le moyen de faire désarmer les grandes puissances du continent qui écrasent et compriment leurs peuples sous le poids d'un million de soldats avec lesquels elles menacent sans cesse la France et en elle le progrès de la civilisation, l'élévation des classes inférieures et l'amélioration de leur condition morale, intellectuelle et physique.

» Désarmer pour la vieille guerre, mais armer pour la guerre nouvelle, voilà le rôle des Napoléons de nos jours, voilà où ils peuvent trouver la gloire et mériter la reconnaissance du pays, de l'Europe, du monde entier.

» Armer pour la guerre nouvelle, c'est déclarer que la France, le gouvernement français, l'empereur, sont les agents providentiels de cette élévation constante des classes inférieures, des plébéiens vers le patriciat, de cet anoblissement progressif de la race humaine, de l'agrandissement continu de sa moralité, de son intelligence et de son bien-être.

» Armer pour la guerre nouvelle, c'est protester par la parole et par l'exemple contre tous efforts tendant à maintenir des races, des castes, des familles, dans la triple servitude de l'immoralité, de l'ignorance et de la misère ; c'est prêter son appui à toute mesure ayant pour but de faire cesser la transmission héréditaire de cette triple lèpre dont l'humanité veut et doit être guérie.

» Armer pour la guerre nouvelle, c'est faire *le bon socialisme.*

» Or, je suis convaincu que les souverains seront disposés à faire eux-mêmes du bon socialisme par la crainte du mauvais, le jour où ils verront que la France transforme son épée en soc de charrue et en frein de locomotive.

» A vous, cher ami, je vous serre la main.

» P. ENFANTIN. »

En février, Laurent reçut une nouvelle lettre du maître à propos de l'annonce d'un voyage du prince Napoléon en Algérie. Dans cette lettre, Enfantin, qui avait exploré cette contrée pendant plusieurs années, et de manière à bien savoir ce qu'elle était ainsi que les hommes qu'elle avait mis en évidence, s'élevait énergiquement contre l'influence terrible que le militarisme africain avait exercé, particulièrement dans les provinces de l'ouest, sur le caractère de quelques soldats, justement célèbres d'ailleurs et qu'il connaissait personnellement. « C'est là, disait-il, que C., L. et B. ont perdu ce qu'ils portaient en eux d'essentiellement bon, intelligent et fécond ; c'est là qu'ils se sont réduits au métier de faiseurs de razias. » Il terminait sa lettre en maudissant la fatalité qui poussait les militaires, en Algérie, au couchant plutôt qu'au levant, vers les féroces Marocains et non vers les bénins Tunisiens.

Depuis six ans, Enfantin avait seul, par sa correspondance, tenu en haleine les principaux membres de la société d'études pour le canal de Suez, tant en Angleterre qu'en Allemagne. A la fin de 1853, reprenant l'idée qu'il avait exprimée, en 1851, à MM. Dufour et Negrelli, sur l'opportunité de porter la question dans le domaine de la diplomatie, il s'adressa directement, en ces termes, au ministre d'Autriche à Constantinople, M. le baron de Bruck :

A S. E. M. de Bruck, internonce d'Autriche à Constantinople.

« 28 novembre 1853.

» Vous vous êtes associé de grand cœur au projet pour la réalisation duquel notre société d'études est fondée ; permettez-moi donc de vous faire part des idées que la situation générale actuelle m'inspire et qui se rattachent à ce projet.

» En formant les trois groupes (allemand, français, anglais) de notre société d'études, nous avions constitué cette société conformément à la situation vraie de l'Europe à cette époque (1846) quant à la question *de la communication des deux mers.*

» Nous ne nous dissimulions cependant pas qu'en approchant de son but, notre société devrait nécessairement s'étendre, et admettre surtout une quatrième puissance européenne, plus intéressée réellement que toutes les autres à l'œuvre que nous nous proposions d'accomplir.

» Le moment approche où la Russie devra, en effet, prendre une part active dans la résolution des grandes puissances européennes, dont l'accord est indispensable pour que la communication des deux mers puisse enfin s'effectuer.

» V. E. ne pense-t-elle pas que c'est seulement à présent, et par l'intervention de la Russie, que les hésitations ou le mauvais vouloir de l'Angleterre à cet égard seront définitivement vaincus?

» Les événements qui se passent en Orient cette année paraissent tout à fait contraires à cette pensée ; ils semblent éloigner plus que jamais la Russie d'un concert avec les autres puissances européennes, principalement sur une question qui intéresse au plus haut point les relations de toute l'Europe avec l'Orient. Néanmoins je crois que ce serait prendre l'apparence pour la réalité que d'interpréter ainsi la situation politique actuelle.

» Quelle est, en effet, cette situation?

» L'islamisme est *occupé militairement*, comme le catholicisme.

» Tel est le sens vrai de l'apparition des armées russes sur le Danube et des flottes anglaise et française à Constantinople.

» Autrefois, quand un peuple déclinait, quand une civilisation s'éteignait, un peuple voisin faisait la *conquête* du peuple déchu ; une civilisation jeune et vigoureuse s'emparait de la civilisation épuisée et mourante et la régénérait en la trempant dans un sang nouveau.

» Aujourd'hui la chrétienté ne tolère plus cette spoliation de peuple à peuple; elle n'admet plus le *droit de conquête;* lorsqu'une nation se décompose et se meurt, la chrétienté l'*occupe* au nom de l'intérêt commun; elle délègue à un ou plusieurs de ses membres le soin de présider en armes à ses funérailles, mais aussi à sa renaissance; elle maintient l'ordre et protége la liberté, là où le pouvoir local serait sans force et le peuple sans frein.

» Les deux *occupations* de la France, en 1814 et 1815, ont inauguré ce nouveau *droit* international, né de la sainte alliance.

» En ce moment la France occupe Rome, l'Autriche cerne les États-Romains, parce qu'il faut défendre le catholicisme contre une mort violente et honteuse, parce qu'il faut empêcher que l'Italie ne soit révolutionnée ou conquise; parce qu'il faut protéger en même temps le pape contre ses sujets, et l'Italie contre l'envahissement de l'Autriche ou du Piémont ou même de la France.

» D'un autre côté, la Russie marche vers le Danube, l'Autriche veille sur la rive droite du fleuve, la France et l'Angleterre occupent le détroit et les mers, parce qu'il faut que la Turquie d'Europe soit cernée et sauvegardée par tous afin de n'être la proie de personne, et parce qu'il faut aussi que le sultan soit protégé contre ses sujets, lui qui vient de prêcher à l'Islam la guerre sainte, comme le pape avait prêché à la chrétienté la liberté.

» Voici plus de trente ans que les politiques de journaux et de tribunes affirment que l'islamisme est un cadavre; ils en concluent que les Turcs doivent être *chassés d'Europe*, et que l'empire turc doit être *partagé* de concert entre les puissances européennes, ou bien que chacune de ces puissances s'emparera immanquablement de la portion de l'empire ottoman qui est à sa convenance.

» Des politiques de même force disent aussi que le catholicisme étant mort, le pouvoir temporel du pape n'a plus de raison d'être, tandis que l'unité politique de l'Italie est prête à se réaliser, soit sous la forme républicaine, soit par la réunion de tous les États italiens en une seule monarchie.

» La vraie politique n'accepte pas comme des principes ces demi-vérités sur l'état d'institutions puissantes fondées par les siècles; elle n'admet pas comme un fait la mort et la disparition de l'islamisme et du catholicisme; aussi ne tire-t-elle pas de leur faiblesse actuelle des conséquences aussi absolues et radicales que la *conquête*, le *partage* et les *révolutions*, elle aboutit simplement à l'*occupation* qui laisse au temps et à Dieu leur rôle.

» Je le répète, l'islamisme est *occupé* militairement par les peuples qui peuvent le protéger contre une décomposition violente, et qui pourtant, à d'autres époques, se seraient disputés à outrance cette proie; il est occupé par l'Europe entière qui le défend contre son passé et l'aide à atteindre son avenir.

» Malheureusement, si cette occupation existe de fait, elle n'est pas encore avouée, consentie, régularisée. Le *droit de conquête* est si vieux qu'il a son code, mais le *droit d'occupation* est si récent qu'il n'a pas encore de règles.

» Toutefois il me paraît certain que les efforts de la diplomatie n'auront pas d'autre résultat que de consacrer le fait accompli . l'*occupation de la Turquie d'Europe par les grandes puissances chrétiennes*, en déclarant que cette occupation a pour but de maintenir l'intégrité du territoire ottoman et du gouvernement du sultan, absolument comme pour Rome et les États du pape.

» Or, pour arriver à cette solution officielle du différend politique actuel, il y aura des négociations, à propos desquelles plusieurs questions qui intéressent l'Europe et la Turquie seront résolues. Non-seulement les questions concernant les chrétiens sont de ce nombre, mais bien d'autres encore, relatives à la Grèce, à l'Algérie, au libre parcours du détroit, à la guerre de Circassie, et tout particulièrement notre affaire de Suez.

» Oui, les circonstances actuelles sont merveilleusement favorables pour faire arriver enfin sur la table des diplomates cette admirable entreprise d'intérêt universel, qui doit modifier si puissamment toutes les relations commerciales du monde.

» L'intervention de la Russie, dans les débats relatifs à la communication de la Méditerranée et de la mer Rouge, peut seule faire tomber les obstacles que l'Angleterre n'a cessé d'opposer à cette œuvre. Or, personne ne saurait mieux que V. E. faire comprendre au gouvernement russe l'intérêt qu'il aurait, non-seulement à intervenir, mais à prendre l'initiative d'une proposition aussi éminemment pacifique, dont la réalisation exige et favorise le remaniement de la question d'Orient sur une nouvelle base, et dans un autre but que par le passé.

» Le fait est que du jour où la communication des deux mers serait consentie par toutes les puissances et réalisée par leur concert, les relations de l'Europe et de la Turquie auraient une signification tout à fait nouvelle, beaucoup plus conforme à l'importance du titre qui les désigne aujourd'hui : *Question d'Orient*.

» En effet, par là seraient transformées ou entièrement créées à nouveau les relations de toutes les nations européennes, y compris la Turquie, avec l'Inde, l'Afrique orientale, la Chine et l'Australie. Bien plus, cette attraction invincible qui entraîne la Russie vers la Perse, s'affaiblirait en devenant moins exclusive et en trouvant un nouveau débouché vers le Sud par les Dardanelles et la mer Rouge. La route du Caucase serait enfin jugée être ce qu'elle est réellement, c'est-à-dire la plus longue, la plus coûteuse, la moins sûre; la mer Noire toucherait ainsi à la mer des Indes, Odessa à Bombay, et la Crimée serait plus rapprochée de la Chine par Canton qu'elle ne l'est aujourd'hui par Kiachta; enfin la Russie deviendrait une puissance maritime, elle qui a été jusqu'ici enfermée dans la mer Noire, lac sans issue comme la Caspienne, et elle s'ouvrirait ainsi d'un seul coup le triple passage de Constantinople, de Suez et de Gibraltar.

» Il ne faut pas se le dissimuler, dans cette immense révolution, l'Angleterre est atteinte dans plusieurs de ses monopoles. Les Dardanelles ne peuvent pas s'ouvrir à la liberté sans que le despotisme de Gibraltar n'en souffre ; de même que Suez ouvert détrône en partie le Cap de son privilége.

» Voilà pourquoi ces questions doivent et peuvent utilement s'agiter au moment où il importe au monde entier de terminer la guerre actuelle, sous peine de la voir devenir générale.

» J'ose donc prier V. E. d'user de sa haute influence pour que la *jonction des deux mers* devienne une des conditions d'intérêt universel sur lesquelles reposera la paix que l'Europe attend des efforts de la diplomatie à Constantinople, afin que la réalisation de cette entreprise ne rencontre nulle part d'obstacles, et qu'elle trouve partout, au contraire, appui et concours. — P. ENFANTIN. »

XLIX

(1854-1855-1856)

A l'ouverture de l'année 1854, des objections à l'exécution du canal de Suez parvinrent à Enfantin; elles émanaient de son ami d'Allemagne, M. Dufour-Féronce, et elles avaient été adressées à Arlès qui s'était empressé de les communiquer au maître.

Enfantin trouva la lettre de M. Dufour *si belle et si bonne*, quoiqu'elle contrariât ses idées sur des points capitaux, qu'il se crut obligé d'y faire cette prompte et excellente réponse :

A M. Dufour-Féronce, à Leipzig.

« Lyon, 10 janvier 1854.

» J'ai lu avec un bien vif intérêt la belle et bonne lettre que vous avez écrite à Arlès, le 29 décembre dernier. Vous nous donnez sur les dispositions actuelles des Anglais des assurances que je voudrais pouvoir admettre sans réserves, et vous voyez avec des yeux de prophète les progrès gigantesques de la navigation. En vérité, nos rôles semblent complétement retournés : c'est moi qui crois à la jalousie des peuples et à la lenteur de leurs progrès, même en industrie, et c'est vous qui sentez, pour ainsi dire, l'association universelle des peuples comme très-prochaine, et qui voyez déjà ses mers couvertes de vaisseaux grands comme des cathédrales, que dis-je, comme des villes.

» Comment? c'était un chétif canal, celui dont parlait Talabot, qui aurait 8 mètres de tirant d'eau, 21 mètres de largeur d'écluses et 50 mètres de largeur au plafond? Vous appelez cela un canal de navigation *par barques!* Dieu vous entende! Mais vraiment, sur les 4000 bâtiments qui vont en Australie, et même sur les 8 à 10,000 qui iront avant dix ans, les trois quarts au moins navigueraient à leur aise dans un pareil canal, et cela ferait encore un assez beau péage pour engager à construire ce canal.

» Est-ce que vous n'êtes pas convaincu que, quelles que soient l'habileté des constructions et la possibilité de faire d'immenses vaisseaux, il y a pourtant des limites que l'intérêt du commerce défendra de dépasser, si ce n'est pour des exceptions rares? La grandeur des navires est déterminée par une foule de causes dont les principales ne sont certainement pas du ressort de l'art des constructions. Ainsi, il ne serait pas facile de compléter dans tous les ports le chargement d'un navire de 4000 tonneaux, même pour Londres et pour Liverpool. Ainsi encore la durée de la navigation peut déterminer à risquer ces lenteurs de chargement et à construire de grands navires comme les anciens de la compagnie des Indes, parce qu'une perte de quinze jours, un mois, sur la durée du chargement n'est pas très-sensible sur un voyage de six mois ou même un an, aller et retour.

» Plus nous allons d'ailleurs et plus le cabotage s'étend au lieu de diminuer et disparaître, et parmi les vaisseaux comme parmi les hommes, la démocratie pèse d'un poids considérable dans les forces des empires.

» Vous paraissez croire, en outre, que la percée de Suez doit faire abandonner entièrement la route du Cap; je ne le crois pas, et si je le croyais, je voterais presque contre Suez. Non-seulement les Américains du midi et même ceux du nord passeraient par le Cap; mais comme je crois aussi que malgré la vapeur on aura encore longtemps la voile; et comme j'espère, ainsi que vous, voir des bâtiments anglais (quelques-uns du moins) de 4,000 tonneaux; enfin comme je désire que la côte occidentale d'Afrique, ainsi que le Cap, soient souvent visités par les Européens, je repousse l'idée de faire de cette voie une solitude ; je suis convaincu que lorsqu'on aura ouvert Panama, les deux pointes d'Afrique et d'Amérique seront au moins aussi fréquentées qu'elles le sont aujourd'hui, du moins au bout de quelque temps.

» Que Suez s'empare, comme les chemins de fer, de la poste, des voyageurs, des marchandises précieuses, des services publics, y compris les armées et leur attirail, et que le charbon voyage en montagnes de 4,000 tonnes en doublant le Cap, même pour aller à Bombay, je n'y vois pas d'inconvénient. Direz-vous qu'alors le charbon reviendrait beaucoup plus cher à Bombay que s'il avait passé par Suez ? Eh bien, c'est dire qu'on le portera par Suez sur des navires de 1,000 tonneaux, tirant 6^{m} 35 ; donc le canal de 8 mètres de tirant d'eau sera suffisant et préférable aux vaisseaux de 4,000 tonneaux passant par le Cap. Alors pourquoi ne ferait-on pas le canal ?

» Mais vous assurez qu'il faut frapper le monde commercial et surtout l'Angleterre par le gigantesque de l'œuvre, et que les Anglais sont prêts à entendre et à réaliser. Ceci m'amène à examiner l'erreur capitale que vous me reprochez, de croire l'esprit anglais contraire au canal de Suez.

» D'abord vous conviendrez que si les Anglais, gouvernement et peuple, en sont là aujourd'hui, c'est bien récent. Les voyages de M. Waghorn, les explorations vers l'Euphrate, la conduite constante des consuls et négociants anglais en Égypte, la dernière sottise que Stephenson nous a faite en désertant le canal pour le chemin de fer, enfin tout ce qui a été écrit depuis vingt ans, sur ce sujet, non-seulement par les Français mais par les Anglais eux-mêmes, tout, en un mot, prouve invinciblement un mauvais vouloir, une prévention populaire, un intérêt national de résistance, un préjugé invétéré contre le canal et en faveur du chemin de fer.

» Mais bien plus, pourquoi en France même le gouvernement n'a-t-il jamais voulu patronner officiellement cette entreprise, ou avoir l'air d'y songer? Quel motif, il y a deux ans à peine, un de ses diplomates donnait-il pour ne pas s'occuper de cette entreprise vraiment napoléonnienne, qui rappelait si heureusement la fameuse campagne d'Égypte et les pyramides expliquées par M. Persigny? Ce motif le voici en termes fort clairs que je vous transmets fidèlement, tels qu'ils ont été prononcés, à regret je crois, par ce diplomate : « Le gouvernement ne veut pas com-

» promettre et embarrasser, par cette question dé-
» licate, ses relations avec l'Angleterre. »

» Quand bien même vous ne vous tromperiez pas sur les dispositions actuelles de l'Angleterre, peuple et gouvernement, soyez convaincu que personne en Europe ne croit à cette disposition cosmopolite, philanthropique, large, élevée, libérale, du gouvernement et du peuple anglais.

» J'admets qu'en parlant à des individus, on rencontre cette opinion dans un fort grand nombre, surtout parmi les principaux négociants anglais; mais demandez-leur à eux-mêmes si c'est là une opinion du *peuple* anglais, je parie qu'ils répondront tous que le *peuple* a le préjugé contraire. C'est certainement quelque chose de grave que d'entendre dire, en Angleterre, par les gens éclairés, qu'une opinion *populaire* est un *préjugé*, mais ce n'est pas suffisant pour que ces mêmes Anglais éclairés osent blesser ce préjugé populaire. Encore une fois, voyez Stephenson lui-même : Est-ce que vous croyez réellement que Stephenson regarde, ainsi qu'il l'a dit, le canal comme impossible? Ce mot n'appartient pas à la langue de ce grand ingénieur, ni même à la langue anglaise, qui en industrie fait des miracles là où les autres disent : c'est impossible! Stephenson n'a pas osé, Stephenson s'est laissé entortiller par son consul, par tous les Anglais d'Alexandrie sans exception, et..... Negrelli m'écrivait ces jours-ci qu'il ne le lui pardonnait pas encore ! — Ni moi non plus.

» Au reste si, comme vous le dites, tout le monde est disposé en Angleterre à faire la jonction des deux mers ; si John Bull lui-même, par crainte de l'invasion russe aux Indes, comprend ainsi aujourd'hui sa politique nationale, je ne vois pas pourquoi il serait indispensable de séduire, de capter les Anglais en leur promettant un canal de 32 pieds, au lieu de 8 mètres qui font, si je ne me trompe, 27 pieds anglais. Évidemment il n'y aurait pas là motif suffisant pour repousser d'emblée la chose et n'y plus songer.

» A ce propos, je reviens encore sur cette question que vous dites résolue, et que je ne conteste pas d'ailleurs, à savoir que *pour le voyage d'Australie* les très-grands navires sont les meilleurs. J'admets que ceci soit vrai pour les voyages par le Cap, mais êtes-vous bien sûr qu'il en soit de même si les voyages se font par la Méditerranée, par un canal, même de dix mètres de tirant d'eau, par la mer Rouge, le long de la côte de l'Inde, c'est-à-dire dans des voyages où l'on ne cesserait pas pour ainsi dire de longer la côte, de voir la terre, de toucher des ports, de trouver partout, sur la route, des voyageurs, des marchandises, des relâches, du charbon, de l'eau, en un mot dans des voyages de caboteur, d'omnibus, de prolétaire ou d'express? — Vos navires royaux ou impériaux de 4,000 tonneaux n'ont rien à voir là dedans; ils seraient gênés et gênants ; à peine s'ils iraient en Chine par Panama ; le golfe du Mexique serait pour eux une baignoire, comme la Méditerranée et la mer Rouge, comme le serait aussi la mer Noire (aussi la marine russe n'aura-t-elle jamais de navires de 4,000 tonneaux). Il faut à ces grands vaisseaux l'Océan et des caps d'Espérance ou des Tempêtes, et surtout des voyages de trois mois au moins, et une destination toute spéciale comme Sidney ou Liverpool, il leur faut 6,000 lieues de course sans prendre haleine.

» Si votre prophétie sur la croissance démesurée des navires de commerce était vraie, ce n'est pas seulement le canal de Suez qu'il faudrait amplifier; presque tous les ports du monde seraient à refaire. Croyez-vous que si l'on s'avisait de construire pour un railway bien droit et très-fréquenté une voiture à 1000 places, ce serait un exemple à suivre pour d'autres chemins à fortes courbes n'ayant que 100 voyageurs à transporter par chaque train?

» Il paraît que vous ne vous trompez pas sur ma lettre à M. de Bruck, et qu'elle lui a été inintelligible, car je n'ai pas reçu le moindre accusé de réception. J'aurais bien aimé savoir en quoi cette théorie de *l'occupation*, succédant au droit international barbare de la *conquête*, vous avait paru si difficile à comprendre, et même à admettre comme un fait déjà consacré par les plus grands exemples, puisque Napoléon lui-même n'a rien pu conquérir ou du moins n'a pu garder aucune de ses conquêtes, et puisque la France a été *occupée* deux fois, sans qu'on ait pu en prendre un seul petit morceau. Quant à l'Italie, l'Autriche elle-même n'y peut pas mordre, le Piémont n'y peut rien voler, et Rome est *occupée* mais non *conquise*.

» Quant à l'affaire d'Orient proprement dite, en supposant comme vous que *malgré la sagesse de lord Aberdeen* et le *jugement calme et éclairé de Napoléon*, l'Angleterre et la France feront la folie de se battre avec la Russie, aussi folle qu'elles, croyez-vous que cette guerre puisse se terminer par autre chose que par un séquestre momentané de la Turquie d'Europe? Ce séquestre existe déjà, il n'est pas réglementé, voilà tout, mais il est inévitable, après la guerre comme à présent.

» Au reste, pour moi, en écrivant à M. de

Bruck, je n'avais ni l'intention ni l'espoir de lui faire adopter ce principe de politique internationale, je voulais seulement appeler l'attention de notre *associé* dans l'affaire de Suez, qui est *internoncé*, sur l'opportunité de faire entrer l'affaire de Suez dans les plans des diplomates russes. Sur ce point, tout à fait particulier à notre société d'études, j'aurais été heureux que, de votre côté, vous vous fussiez dit qu'en effet le moment était assez bon pour en écrire au comte Bobrinsky.

» Negrelli, à qui j'avais envoyé copie de ma lettre, m'a répondu que lui-même avait rappelé de nouveau notre grande entreprise à M. de Bruck, directement avant son départ, et depuis par l'intermédiaire de son beau-frère M. Weiss de Starkenfeld, conseiller d'internonciature; et il ajoute que certainement M. de Bruck saisira avec ardeur le moment le plus favorable pour entamer la question dans les traités diplomatiques; et il dit encore: « Je serais bienheureux si l'on pouvait donner un petit échec à notre collègue M. Stephenson, qui s'est conduit dans notre affaire en *véritable anglais*. »

» Vous voyez que Negrelli lui-même ne compte pas beaucoup sur les Anglais pour l'affaire de Suez.

» Eh bien, laissez-moi vous dire à ce sujet aussi toute ma pensée.

» Les Anglais resteront seuls dans la question d'Orient.

» C'est le Waterloo où Napoléon les attend pour se venger de Sainte-Hélène.

. . . .

» John Bull ne parviendra pas, malgré toute l'habileté de Palmerston, à mettre en feu l'Europe pour la conservation des Indes.

» Napoléon a trop beau jeu en ce moment, vis-à-vis de l'Angleterre et du monde entier, pour manquer cette occasion de régler les comptes de son oncle avec les Anglais.

» Vous remarquez fort justement que John Bull et la Turquie, dans leur entraînement pour la guerre, subissent l'influence des réfugiés ; soyez certain que ni Napoléon ni le czar ne la subissent.

» Napoléon ne subit pas comme lord Aberdeen la pression d'un Palmerston français ; l'opinion publique, ici, est pour la paix, autant au moins qu'elle est dans la Cité pour la guerre.

» En Allemagne généralement, je suis certain qu'il n'y a que les révolutionnaires et les pays qui ont été particulièrement révolutionnés qui croient à la guerre et qui la désirent. Les hommes qui, comme vous, y croient, quoiqu'ils la redoutent, subissent l'influence du milieu révolutionné ou révolutionnaire où ils sont; la Saxe par exemple, ou l'esprit jaloux de John Bull qui ne supporte pas d'autre souverain que lui dans le monde, et qui voudrait manger Nicolas aujourd'hui, comme il a dévoré naguère Napoléon sur son rocher de Sainte-Hélène. Mais il avait vaincu Napoléon en ameutant contre lui l'Europe entière que Napoléon avait *humiliée;* il ne triomphera pas de Nicolas[1] en s'associant à ces pauvres Turcs pour une pareille guerre, parce que Nicolas peut, quand il le voudra, faire mieux que son frère Alexandre n'a fait à Tilsitt : donner la main à la France. Suez, l'Algérie, le protectorat des États-Romains, voilà des questions sur lesquelles la France et la Russie peuvent s'entendre, comme elles peuvent s'entendre aussi sur l'occupation pacifique de la Turquie d'Europe, sur la protection des chrétiens d'Orient, sur la liberté des Dardanelles..... Mais je me lance bien loin dans le champ des diplomates; je m'arrête en vous serrant la main. — P. ENFANTIN. »

1. Si, contre les prévisions d'Enfantin, l'empereur Napoléon s'allia aux Anglais et triompha de Nicolas, il est certain aussi que ce fut l'héritier du prisonnier de Sainte-Hélène qui empêcha John Bull de prolonger la guerre et de *manger* le Russe. Il eût réglé du même coup les comptes de son oncle avec les superbes bénéficiaires de la Bérézina et de Waterloo.

Après deux mois écoulés sans réponse de M. de Bruck, Enfantin lui adressa ces quelques lignes :

A M. de Bruck.

« 17 février 1854.

» J'ai eu l'honneur de vous adresser, le 28 novembre dernier, une lettre qui, je le crois, ne vous est pas parvenue par suite d'une erreur de copiste.

» Je prends la liberté de vous en envoyer une copie en y joignant une lettre écrite par moi sur le même sujet, à mon ami Dufour-Féronce, notre associé dans l'affaire de Suez.

» Quoique les événements politiques aient eu le temps de se développer depuis ma lettre, il me semble qu'ils n'ont rien changé à l'espoir qu'ils avaient fait naître alors en moi, non-seulement pour l'affaire de Suez, mais pour la politique générale.

» J'espère, Monsieur l'Internonce, que vous voudrez bien excuser ma persistance et agréer l'assurance de la très-haute considération avec laquelle, etc. — P. ENFANTIN. »

M. de Bruck répondit :

« Constantinople, 5 mars 1854.

» Dernièrement à peine, j'ai reçu par M. le

comte de Escheneur, la lettre que vous avez bien voulu m'adresser le 28 novembre, au sujet de la canalisation de l'isthme de Suez.

» Je reçois par le bateau arrivé hier de Marseille, vos lignes du 17 février, auxquelles vous avez aussi joint copie de la lettre que vous avez écrite au même sujet à M. Dufour-Féronce à Leipzig.

» Je m'empresse de vous répondre que je conserve toutefois la même opinion quant à l'utilité de l'entreprise qui a occupé si longtemps la société d'études à laquelle je me suis associé, dès le commencement, de tout mon cœur. Mais je suis aussi de l'opinion qu'il est fort à propos de ne pas pousser la chose dans ce moment, à cause de la situation politique de ce pays, et spécialement par rapport au chemin de fer en construction entre Alexandrie et le Caire, lequel ne restera pas sans la prolongation nécessaire jusqu'à quelque bon port dans la mer Rouge.

» Par conséquent, mon avis est d'attendre le développement de l'un et de l'autre, mais en même temps de tenir en vie la société d'études, puisque je crois que le chemin de fer par l'Égypte démontrera à l'évidence la grande utilité de la canalisation de l'Isthme.

» Agréez, Monsieur, l'assurance de la parfaite

considération, avec laquelle j'ai l'honneur d'être, etc. — DE BRUCK. »

Dans les derniers mois de cette même année (1854), un auxiliaire inattendu s'offrit à la société d'études. M. de Lesseps, qui était étroitement lié avec Enfantin et Arlès, était appelé en Égypte par Saïd-Pacha avec lequel il avait contracté d'amicales relations pendant son consulat à Alexandrie. Comprenant combien son voyage pouvait être utilisé pour le percement de l'isthme, il s'entendit à cet égard avec les hommes qui avaient conçu cette grande entreprise et qui en poursuivaient les préparatifs. Il vit Enfantin et Arlès à Lyon, et M. Paulin Talabot à Marseille; il fut nanti par eux de tous les documents qui lui étaient nécessaires pour éclairer le pacha et le rendre favorable aux travaux et aux vœux de la société d'études. Le 30 novembre 1854, il écrivait du Caire à Arlès :

« ...... Mon excursion durera une vingtaine de jours, je serai probablement de retour à Paris dans la première quinzaine de janvier. Nous poserons *ensemble* les bases définitives de *notre* grande affaire; en attendant et sans rien conclure, je crois convenable que vous fassiez dès à présent toutes les ouvertures et démarches que vous jugerez à propos... etc. Audience de l'Empereur [1], etc., etc...

» ... Vous jugerez certainement nécessaire d'aller le plus tôt possible à Londres où votre situation vous permettra d'aller voir les ministres, notre ambassadeur, les hommes politiques importants, où vous serez en mesure, par vos relations commerciales, d'amener *à notre* entreprise les grands capitalistes anglais..... etc. »

Le 14 décembre, nouvelle lettre à Arlès; nous n'en citerons que cette phrase caractéristique :

« ... Maintenant tout ce qu'il y avait à faire ici me semble en bon train, *travaillez l'opinion en Angleterre.* »

Le 25 décembre, M. de Lesseps transmit à Arlès l'extrait d'une lettre qu'il avait reçue d'Alexandrie de M. Girette..... « Lorsque j'ai parlé de
» M. Arlès-Dufour, disait M. Girette, M. H***
» m'a dit qu'il était l'ami intime de M. Anderson,
» le chef principal de la compagnie péninsulaire
» orientale, j'ai ajouté que M. Arlès-Dufour serait
» un des promoteurs les plus puissants de l'affaire
» du canal de Suez..... etc. »

Le 16 janvier 1855, M. de Lesseps, continuant

1. Entente de ma part avec mes amis le baron de Rothschild, Benoît Fould, Achille Seillière. De votre côté vous conférerez avec Péreire et vos autres amis en France.

sa correspondance avec Arlès, s'exprime ainsi :

« J'ai reçu votre lettre du 17 décembre, ainsi que celles d'Enfantin du 19 décembre et du 1er janvier.....

» ... Parlons un peu de la constitution de *notre société*, dont nous aurons à nous occuper *ensemble* en France [1].....

» ... Je sais que j'ai choisi *un autre moi même* en m'adressant à vous, et en émettant le vœu que vous soyez appelé à *me succéder* si Dieu le décidait ainsi. »

Le Lendemain, il reprend la plume pour témoigner de plus à Arlès qu'il se considère comme son associé et non plus seulement comme son ami.

« Vous me semblez être, lui dit-il, le président né du futur conseil d'administration de notre compagnie. »

M. de Lesseps, qui avait fixé d'abord son retour en France, à la première quinzaine de janvier 1855, jugea plus convenable de faire le voyage de Constantinople pour faire ratifier le projet de canal que le vice-roi avait adopté. Les démarches étaient activement poursuivies et à la veille d'être

1. Notre ami a appelé avec raison mon attention sur cette circonstance, qu'il n'existe pas de précédent en France, de société anonyme constituée pour une œuvre dont l'objet est à l'étranger.

couronnées de succès, tandis que M. Negrelli écrivait à Arlès :

« Vienne, 30 avril 1855.

» Mon cher Monsieur et ami,

» Votre lettre du 14 du courant de Paris, a été suivie d'une de notre collègue M. Enfantin, du 16, de Lyon. Je les ai montrées toutes les deux à MM. les ministres, le baron de Bruck et le chevalier de Toggenburg. J'ai reçu aussi une lettre de Londres, du 18, de M. Dufour-Féronce, et je suis enchanté de trouver dans tous trois les mêmes vues.

» Nos ministres sont toujours prêts à agir énergiquement. Malheureusement M. de Bruck n'a pu, comme il se l'était proposé, faire entrer la question de Suez dans le protocole de la Conférence, parce que, malheureusement, jusqu'ici, on n'a pas pu s'entendre sur les points essentiels de la question d'Orient.

» Mais ce résultat sera obtenu tôt ou tard, et alors l'affaire de Suez avancera aussi.

» Quant au voyage pour Paris, je crois qu'il faudrait attendre le retour de M. de Lesseps, et faire préparer pour le comité central un plan *concret* d'opérations. Sans cela, sans des bases bien arrêtées d'avance à proposer à la réunion des groupes, on perdrait un temps précieux et on n'obtiendrait pas de résultat.

» J'espère que M. Drouyn de Lhuys a emporté d'ici des impressions aussi favorables que celles qu'il y a laissées.

» L'attentat sur S. M. l'Empereur a provoqué ici la plus profonde indignation. Cet attentat est pour les gouvernements un nouvel avertissement de s'allier, de s'entendre entre eux, s'ils veulent combattre et vaincre le désordre.

» Quand vous croirez le moment d'une réunion des groupes à Paris venu, et quand M de Lesseps sera de retour, écrivez-moi ; j'ai déjà obtenu la haute permission de me rendre au premier appel.

» Je vous prie d'en informer M. Enfantin, et de recevoir l'assurance que nous tenons ferme à la France et à Suez, et que nous restons bien déterminés à naviguer d'un commun accord, et sans nous laisser décourager vers notre noble but, le canal de Suez.

» Je félicite M. Enfantin de l'ouverture du chemin de fer de Lyon à Valence. Aujourd'hui on inaugure une section de 75 kilom. de Trévise au Tagliamento, dans la Vénétie. C'est moi qui ai exécuté ce chemin de fer, et j'en ai l'administration.

» A vous, j'adresse des vœux bien sincères, pour l'inauguration de l'Exposition universelle par votre Empereur, que Dieu garde. — NEGRELLI. »

Quelques jours après, M. de Lesseps écrivit d'Égypte à M. le baron de Bruck :

« Alexandrie, 4 mai 1855.

» Monsieur le baron,

» Vous avez été tenu au courant de la suite de ma première mission à Constantinople par les communications de M. le baron Koller, auquel j'ai laissé copie de toutes mes correspondances.

» Le terrain ayant été convenablement préparé à Constantinople, le vice roi d'Égypte transmet aux conseillers de S. M. I. le Sultan les explications qu'ils réclament pour ratifier le projet de communication des deux mers.

» De mon côté, je retournerai en Europe pour concerter les moyens d'organiser l'entreprise, et je ne manquerai pas de me rendre à Vienne. S. A. me charge de vous informer qu'elle a fait inscrire votre nom et celui de M. de Negrelli parmi les fondateurs d'une entreprise qui ne peut pas rencontrer de protecteurs plus éclairés et plus efficaces que l'illustre ministre de l'Autriche et le célèbre directeur des travaux publics de la Lombardo-Vénétie.

» J'ai regretté que M. Arlès-Dufour ait persisté, malgré mes observations, à soutenir un projet dont ne voulait pas le vice-roi. Je lui avais écrit dès le principe, que Mohamed-Saïd-Pacha s'était spontanément prononcé contre le tracé de M. Paulin Talabot dont je suis loin de contester le mérite supérieur, mais qui, sans être jamais venu sur les lieux, coupait l'Égypte entière au lieu de couper l'isthme de Suez. Ce prince était dans son droit, et vous jugerez certainement, lorsque je pourrai vous fournir tous les éléments d'une juste appréciation, s'il ne conserve pas à la grande œuvre qui nous occupe, en dehors des intérêts de personnes ou de nationalité exclusive, toutes les satisfactions que réclame son caractère universel.

» J'ai déjà, d'ailleurs, été assez heureux, M. le baron, pour me mettre verbalement d'accord avec vous à ce sujet, et je continuerai à recourir, dans la suite, à votre haute expérience et à vos nobles sentiments.

» Je n'ai pas l'honneur d'être en relations avec M. de Negrelli. Permettez-moi de compter sur votre bienveillance pour lui communiquer ce que je vous écris, et pour le prévenir que dès qu'il me sera possible je me ferai un devoir de lui transmettre, ainsi qu'à vous, une épreuve de l'avant-projet et des plans des ingénieurs du vice-roi.

» J'ai encore un service à vous demander : je vous prie de m'indiquer les personnes qui pourront, le plus convenablement à vos yeux, représenter la compagnie universelle du canal maritime de Suez à Vienne, à Trieste et à Venise. On m'a déjà parlé, pour Vienne, de la maison Sina, et, pour Trieste, du banquier Cavaliere Revoltelle, mais les choix que vous voudrez bien faire seront les mieux.

» Veuillez agréer, etc.,

» FERDIN. DE LESSEPS. »

M. de Bruck répondit :

» Vienne, ce 20 mai 1855.

» Je viens d'apprendre avec plaisir par votre lettre du 4 de ce mois, que S. A. le vice-roi d'Égypte, avait transmis aux conseillers de S. M. le Sultan les explications qu'ils réclamaient pour ratifier le projet des communications des deux mers.

» Maintenant j'espère que le terrain ayant été convenablement préparé à Constantinople, la ratification ne tardera pas à suivre.

» Je serai charmé de vous revoir à votre retour en Europe, à Vienne, pour causer avec vous préalablement sur les moyens les plus convenables pour former la grande société universelle d'exécution, et M. de Negrelli est disposé à vous suivre à Paris, où les membres des trois groupes de la société d'études ont concerté de se réunir à votre retour de l'Égypte.

» C'est avec une intime satisfaction que je viens d'apprendre, que S. A. m'avait fait inscrire, ainsi que M. de Negrelli aussi, en Égypte, parmi les membres fondateurs de la grande entreprise, comme ils sont membres fondateurs de la société d'études, et j'espère que S. A. aura aussi la même bonté pour les autres membres fondateurs de ladite société.

» Relativement à la ligne du canal, je partage entièrement votre opinion; c'est-à-dire que je crois fermement que le grand but ne sera atteint que par le percement de l'isthme de Suez, et non pas en traversant l'Égypte et le Nil. Vous pouvez toujours compter sur mon empressement à l'avantage de la grande entreprise dans ces termes et conditions.

» Je viens de communiquer à M. de Negrelli, qui se trouve à présent à Vienne, le contenu de votre lettre, et il se réjouit avec moi de recevoir l'avant-projet et les plans des ingénieurs de S. A. le vice-roi.

» Du reste, je me réserve de vous indiquer les personnages qui pourront le plus convenablement représenter la compagnie universelle du canal de Suez à Vienne, Trieste et à Venise, au moment de votre passage à Vienne. Je crois que dans l'intérêt de la grande entreprise, il faut y penser sérieusement parce que la bonne réussite dépend principalement du choix des personnes, soit pour le protectorat, soit pour la direction, et l'appui en général des affaires. Il faut pourtant tâcher d'y parvenir avec le plus de précautions possibles, et d'éviter la jalousie des personnes influentes.

» Je dois vous avertir d'ailleurs en confidence, que le prince de Metternich s'occupait depuis plus de trente ans de la question de Suez toujours en favorisant la réussite, et que dès à présent même, il s'occupe d'un intéressant mémoire destiné à éclaircir tout ce qui eut lieu là-dessus depuis 1821.

» De mon côté, j'avais l'intention de proposer aux conférences de Vienne d'introduire aussi la question de Suez dans le traité, et de la faire déclarer ainsi sous la protection de toutes les puissances contractantes, ce qui arrivera certainement, je l'espère, au moment où les conférences seront reprises.

» Agréez, etc. — De Bruck. »

Le lendemain, M. de Bruck ayant communiqué la lettre de M. de Lesseps et la réponse qu'il venait d'y faire à M. de Negrelli, celui-ci s'empressa de transmettre ces deux pièces à Arlès qui répondit à son tour, et sans retard, à son associé de Vienne, par un résumé de tout ce qui s'était passé entre M. de Lesseps et les promoteurs français de la grande œuvre de Suez, et fondateurs de la société d'études, tels qu'Enfantin, Talabot et lui Arlès. Nous reproduisons ici ce résumé dans le seul intérêt de la vérité historique :

. . . .

A M. Negrelli, à Vienne.

« Cher collègue et digne ami,

» J'ai bien reçu votre lettre du 21 mai et nous recevons celle du 12 juin. Jamais la société d'études n'a entendu se lier pour le tracé du canal de Suez; elle ne l'a fait étudier par les ingénieurs les plus renommés qu'afin d'avoir une certitude sur la possibilité d'un canal maritime, et des données sérieuses sur les dépenses de ce grand travail.

» Si M. Talabot a cru devoir publier son opinion personnelle sur le tracé, c'est qu'il y était poussé, provoqué même, par des publications intempestives venues d'Egypte, en faveur du tracé de Péluse, solution dans laquelle on engageait ainsi prématurément l'opinion de Saïd-Pacha et du public.

» Aucun esprit réfléchi ne saurait penser qu'un tracé quelconque puisse être imposé à *priori* à la compagnie universelle d'exécution, cela serait aussi insensé pour les partisans du tracé d'Alexandrie que pour ceux du tracé de Péluse.

» Notre idée, comme la vôtre, a toujours été et est encore de réunir toutes les forces, de réunir toutes les individualités marquantes, en Europe, en Égypte, dans le monde entier, car nous n'excluons ni les Russes, ni les Américains, et lorsque ces éléments de la compagnie universelle d'exécution seront organisés, alors, seulement, nous aborderons la solution du tracé, en soumettant ce problème à l'examen des hommes les plus compétents en cette matière.

» C'est dans ce but et d'après ces principes que nous avions formé la société d'études, et qu'après six ans de sommeil causé par les événements politiques, nous l'avons fait revivre en priant notre illustre collègue, M. le baron de Bruck (par lettres de M. Enfantin du 27 novembre 53 et 16 février 54) de profiter de son séjour à Constantinople pour introduire cette superbe question de paix dans la politique.

» Près d'une année après, M. de Lesseps, appelé gracieusement en Égypte par Saïd-Pacha, nous exprima le désir et l'espoir d'obtenir du vice-roi la concession du canal; M. de Lesseps, lié depuis fort longtemps et intimement avec nous, connaissant parfaitement nos longs et généreux efforts pour cette grande œuvre, me consulta sur l'issue probable de ce voyage ; je l'engageai à tenter cette séduisante aventure ; nous lui fournîmes tous les documents que nous possédions sur l'affaire ; il vint prendre congé de nous à Lyon et de M. Talabot à Marseille ; enfin, quoiqu'il n'y eût, à la vérité, aucun traité signé entre nous, nous avions tous droit de penser, moi surtout, que M. de Lesseps ne considérait pas lui-même cette tentative comme lui étant personnelle, mais comme étant commune entre lui et nous.

» En effet, notre correspondance commença sur ce pied d'intimité complète et d'espérances communes.

» Dès que M. de Lesseps eut obtenu le firman du Pacha, il m'en informa en m'envoyant :

» 1° La copie de son rapport au vice-roi ;

» 2° Le firman de concession ;

» 3° Le projet de liste des membres fondateurs ;

» 4° Ses instructions aux ingénieurs Égyptiens.

» En même temps il me disait de m'occuper activement de la mise en train de l'affaire, tant en France qu'en Angleterre ; il me chargeait même pour son voyage, d'achats [1], de dépenses à frais communs, qui d'ailleurs n'ont pas eu lieu. Cette communication et les suivantes, toutes aussi amicales, aussi pressantes, auraient suffi, indépendamment des paroles échangées entre nous avant son départ, pour que je me crusse largement autorisé à agir comme eût pu le faire M. de Lesseps lui-même.

» Je commençai par rassurer nos associés d'Allemagne, qui semblaient craindre que M. de Lesseps fût étranger et hostile à la société d'études, et voulût la laisser en dehors.

» Sachant que M. le baron de Bruck pensait comme nous que la question de Suez devait être traitée et résolue dans les conférences de Vienne, croyant que ces conférences amèneraient prochainement la paix, attendant d'ailleurs M. de Lesseps depuis la fin de février, nous nous occupâmes avec M. Enfantin, et sur l'invitation expresse d'un illustre personnage [2], d'un *projet* d'organisation de

1. M. de Lesseps avait chargé particulièrement Arlès, par une lettre du 16 décembre 1854, de lui acheter divers objets en or ou en argent, pour cadeaux à des officiers que le vice-roi mettait à sa disposition pendant son séjour au Caire et pour son excursion dans l'isthme.

2. La note suivante avait été soumise à S. M. l'Empereur :
« Sa Majesté a daigné recevoir avec intérêt la communication des travaux de la *Société d'études du canal de Suez* ; qu'elle nous

la compagnie universelle, projet que nous vous avons immédiatement communiqué, ainsi que nous l'avons fait pour tous nos actes relatifs à Suez.

» Nous avons également adressé ce *projet* à M. de Lesseps. Depuis lors, malgré une nouvelle invitation de l'Empereur qui approuvait ce projet, et qui nous pressait de lui donner un corps en constituant au plus vite la société, afin que sa diplomatie ne s'occupât pas de Suez devant le vide, nous

permette d'appeler son attention sur la situation actuelle de cette grande entreprise.

» L'utilité du percement de l'isthme de Suez est enfin admise aujourd'hui par l'opinion publique en Europe, et le moment ne saurait être éloigné où les gouvernements ne pourront éviter de s'en occuper; néanmoins, deux grands obstacles s'opposent encore à la réalisation de cette œuvre.

» D'une part, les difficultés politiques de la question ne sont pas résolues, et la solution diplomatique qui réglera l'attitude des puissances européennes et leur mode d'intervention est loin d'être formulée.

» D'un autre côté, au point de vue de l'art, on discute encore sur le choix du tracé; la possibilité même de joindre les deux mers par un canal praticable aux navires de premier ordre, est mise en question.

» Les premiers travaux de la *Société d'études* qui avaient pour objet la communication directe entre les deux mers, et qui ont porté exclusivement sur les terrains situés à l'est du Nil, ont eu pour résultat d'établir seulement la différence de niveau; aujourd'hui il reste à compléter ces études de manière à établir un projet complet et détaillé, à l'abri de toute objection et de toute incertitude.

» Dans cette situation, notre *Société d'études* a résolu de continuer ses travaux et ses sacrifices, afin de compléter par les

nous sommes arrêtés, parce que, depuis plusieurs mois, nos lettres à M. de Lesseps restaient sans réponse, et que nous apprenions, de divers côtés, qu'il se plaignait de ce que nous ne l'avions pas attendu pour préparer des matériaux et faire des *projets* désirés, provoqués et approuvés par l'Empereur!

» Nous ne voulions pas admettre néanmoins que M. de Lesseps nous fît l'injure de croire que nous

soins de ses ingénieurs, MM. Robert Stephenson, De Negrelli et Paulin Talabot, qui se rendront prochainement en Égypte, l'examen des questions d'art, et d'arrêter le tracé définitif auquel ils attacheront ainsi la garantie de leur expérience et des grands travaux qu'ils ont déjà exécutés.

» Sa Majesté n'ignore pas que notre Société d'études, qui existe déjà depuis dix années, qui prend ses racines dans les principales nations de l'Europe, et qui porte ainsi un caractère universel, est constituée de manière à se transformer immédiatement en société d'*exécution* dès que les gouvernements européens, d'accord avec la *Porte*, auront manifesté la volonté de réaliser cette œuvre internationale, et déterminé les garanties de *neutralité*, de *possession* et d'*intérêt*, indispensables pour la sécurité des capitaux consacrés à l'exécution.

» En continuant ses travaux et ses sacrifices, notre *Société d'études* espère que l'*Empereur* daignera lui accorder sa protection et son appui auprès du gouvernement ottoman et de S. A. le vice-roi d'Égypte.

» Elle supplie également Sa Majesté de vouloir bien hâter de toute sa puissance le moment où l'entente des gouvernements européens rendra possible la réalisation de l'une des plus grandes pensées de l'empereur *Napoléon Ier*. » — ENFANTIN, NEGRELLI, P. TALABOT, *et par autorisation pour Stephenson*, TALABOT. »

cherchions à l'effacer ou à amoindrir sa position, nous qui l'avions désigné, dans le projet d'organisation, sous le titre de *directeur général concessionnaire*; mais nous l'attendions et suspendions nos démarches; voilà pourquoi, depuis lors, vous n'avez presque pas entendu parler de nous. . . . .

» Malheureusement, ce que nous nous refusions à croire est devenu une pénible certitude dès le retour de M. de Lesseps. Je n'ai eu connaissance de son arrivée à Paris que par des tiers; le hasard me l'a fait rencontrer chez le prince Napoléon huit jours après son arrivée, et, de tous côtés, nous avons appris qu'il agissait et parlait de la manière la plus déplaisante pour nous, en cherchant même à détacher de nous les amis influents avec lesquels, dans l'intérêt de l'œuvre, je l'avais mis en relation.

» Cette conduite a motivé une explication à la suite de laquelle j'ai cru de mon devoir et de ma dignité d'écrire à M. de Lesseps la lettre dont je vous envoie copie, avec prière de la communiquer à notre collègue M. le baron de Bruck, ainsi que la réponse reçue aujourd'hui.

» M. de Lesseps s'égare en ce moment d'une façon trop déplorable pour que nous perdions l'espoir de le voir reconnaître qu'il s'est trompé et qu'il a cédé à des sentiments, à des passions qui sont au-dessous de la grandeur de l'œuvre. S'il persévérait dans son erreur, dans ses illusions, s'il persistait à croire que cette œuvre universelle se met dans la poche comme un firman, nous ne maintiendrons qu'avec plus de force la Société d'études vivante, comme nous le disait M. de Bruck, car l'affaire de Suez n'est pas une affaire égyptienne ou turque seulement, ainsi que le prétend M. de Lesseps, elle est surtout européenne, et même universelle, et la société qui l'exécutera sera certainement l'expression de la volonté des puissances que cette œuvre intéresse, elle ne sera pas le résultat du caprice ou de la bienveillance de Saïd-Pacha pour tel ou tel de ses amis.

» Les pénibles renseignements que je vous donne aujourd'hui doivent vous faire sentir, cher collègue, combien il est nécessaire et convenable que nous nous réunissions à Paris en juillet, pour aviser aux moyens de nous transformer en société définitive d'exécution. Ce n'est pas à nous, mais à M. le baron de Bruck, à fixer l'époque de cette réunion. — ARLÈS-DUFOUR. »

Cette lettre se croisa avec une nouvelle lettre de M. Negrelli, datée de Vérone, le 12 juin 1855, dans laquelle l'ingénieur autrichien, après avoir accusé réception de cent exemplaires du travail de M. Talabot, disait en terminant à ses collègues de Paris, Enfantin et Arlès :

« Cependant vous aurez reçu ma communication du 21 mai, de Vienne, à laquelle manque votre réponse. Selon une communication, reçue de Vienne, de la part de S. E. le ministre du commerce, M. Huber, consul général d'Autriche en Égypte, écrit d'Alexandrie, le 17 mai, que le vice-roi donne les soins les plus empressés pour obtenir la sanction de son firman de concession à M. de Lesseps ; que les représentants d'Autriche et de France, en Égypte et à Constantinople, agissent de plein accord avec le vice-roi, et que M. de Lesseps, dont il fait les éloges les plus flatteurs, était prêt à partir d'Alexandrie pour la France, de manière que, comme je pense, il doit être arrivé à Paris.

» De mon côté, je suis prêt, comme je vous écrivis dans ma lettre du 21 mai, à venir à Paris avec le consentement du gouvernement impérial d'Autriche, pour traiter sur l'institution de la société universelle d'exécution, dès que vous aurez la bonté de m'écrire que les éléments fondamentaux sont prêts.

» Je vous prie, chers collègues, de faire agréer préalablement à M. de Lesseps mes salutations amicales, et au plaisir de vous revoir bientôt, et d'y trouver aussi M. Dufour-Féronce, je reste avec la plus sincère affection. — NEGRELLI. »

La lettre d'Arlès, citée plus haut, et que M. Negrelli n'avait pas encore reçue quand il chargeait ses collègues de Paris de ses salutations amicales pour M. de Lesseps, apprit bientôt à l'ingénieur du groupe allemand, dans l'affaire de Suez, que la société universelle d'exécution ne serait pas instituée avec les éléments fondamentaux dont il croyait la préparation réservée au groupe français de la société d'études. Le regret exprimé par M. de Lesseps, dans sa lettre à M. de Bruck, de trouver Arlès trop fermement attaché au tracé Talabot, renfermait en effet la pensée de faire considérer comme possible et de justifier d'avance l'exclusion du conseil de la société d'exécution du canal de Suez, MM. Talabot et Arlès, et aussi Enfantin, c'est-à-dire l'homme qui avait pris l'initiative de cette immense entreprise. Quand cette pensée devint manifeste et que l'exclusion incroyable fut accomplie, quelques amis d'Enfantin attendaient de lui une solennelle protestation. Mais le maître calma vite leur effervescence. Il leur rappela ce qu'il leur avait dit tant de fois, que, depuis le jour où il s'était senti ou donné une mission civilisatrice, il n'avait jamais eu en vue dans ses conceptions, dans ses enseignements et dans ses actes, que l'accomplissement de cette tâche religieuse, sans y mêler nul intérêt d'amour-propre ou d'argent. « Que l'œuvre que j'ai signalée et fait mettre à l'étude comme grandement utile aux intérêts matériels et moraux de l'humanité s'exécute, disait-il, et je serai le premier à bénir l'exécuteur ! Sans doute, il sera bon et juste que l'on sache, dans l'avenir, que l'initiative de cette réalisation gigantesque a été prise par ceux-là mêmes en qui le vieux monde ne voulut voir d'abord que des utopistes, des rêveurs, des *fous*; mais rapportez-vous en à l'histoire pour cela. En attendant, si l'isthme est percé, fût-ce sans nous, c'est surtout à nous qu'il appartiendra de s'écrier : *Allah-Kérim !* »

Le double vœu d'Enfantin est rempli : l'œuvre s'exécute, et l'histoire fait son devoir.....

FIN DU DOUZIÈME VOLUME

Imp. L. Toinon et Cie, Saint-Germain.

www.ingramcontent.com/pod-product-compliance
Ingram Content Group UK Ltd.
Pitfield, Milton Keynes, MK11 3LW, UK
UKHW020209250726
13967UKWH00003B/1358